"十三五"国家重点出版物出版规划项目

中国经济治略丛书

高校服务地方
创新驱动发展的政策研究

——浙江省的实践

Policy Research on Colleges and Universities Boosting
the Regional Innovation-Driven Development
-Practice from Zhejiang Province

楼世洲　吴海江　著

中国财经出版传媒集团

经济科学出版社
Economic Science Press

图书在版编目（CIP）数据

高校服务地方创新驱动发展的政策研究：浙江省的实践/
楼世洲，吴海江著．—北京：经济科学出版社，2018.10
ISBN 978 - 7 - 5141 - 9830 - 0

Ⅰ.①高… Ⅱ.①楼…②吴… Ⅲ.①地方高校 - 作用 -
区域经济发展 - 研究 - 浙江 Ⅳ.①F127.55

中国版本图书馆 CIP 数据核字（2018）第 236456 号

责任编辑：申先菊 周建林
责任校对：曹育伟
责任印制：王世伟

高校服务地方创新驱动发展的政策研究
——浙江省的实践
楼世洲 吴海江 著
经济科学出版社出版、发行 新华书店经销
社址：北京市海淀区阜成路甲 28 号 邮编：100142
总编部电话：010 - 88191217 发行部电话：010 - 88191522
网址：www. esp. com. cn
电子邮件：esp@ esp. com. cn
天猫网店：经济科学出版社旗舰店
网址：http://jjkxcbs. tmall. com
北京季蜂印刷有限公司印装
710×1000 16 开 14 印张 240000 字
2018 年 12 月第 1 版 2018 年 12 月第 1 次印刷
ISBN 978 - 7 - 5141 - 9830 - 0 定价：68.00 元
（图书出现印装问题，本社负责调换。电话：010 - 88191510）
（版权所有 侵权必究 打击盗版 举报热线：010 - 88191661
QQ：2242791300 营销中心电话：010 - 88191537
电子邮箱：dbts@esp. com. cn）

本研究为浙江省教育厅"十二五"社会科学重大招标项目"高校服务地方转型升级的政策研究"结题成果

课题组成员：楼世洲　吴海江　张天雪　金伟民
　　　　　　刘　勇　李　斌　智亚卿

前 言

　　全面实施创新驱动发展战略、加快建设创新型科技强省，是浙江省立足全局、面向未来的重大战略抉择，是深入实施"八八战略"和"创业富民、创新强省"总战略的重要举措，是建设经济强省、文化强省、科教人才强省的有力支撑。2013 年 5 月 31 日，中国共产党浙江省第十三届委员会第三次全体会议提出，浙江此后 5 年创新驱动发展的主要目标是，到 2020 年，建立比较完善的区域创新体系，创新资源有效集聚，创新能力显著增强，创新效益大幅提升，跨入创新型省份行列，基本形成创新驱动发展格局，而实现产业转型发展的根本动力在于科技创新。

　　与发达国家和先进省市相比，浙江省的创新投入、创新能力、创新效率和创新体系建设仍有较大差距，特别是科技与经济相互脱节现象依然存在，科技投入产出不匹配、产学研用结合不紧密、评价考核科技成果的标准不科学、科技创新的体制机制不适应等问题比较突出。当前，创新已成为国家或地区之间竞争发展的关键，谁拥有强大的创新能力，谁就能把握先机、赢得主动。

　　高校是集聚高水平科技人才，进行科学研究和技术创新的主体力量。浙江省高校一定要从全局和战略高度，充分认识全面实施创新驱动发展战略、加快建设创新型省份的重要性和紧迫性，更加自觉地把工作着力点放到加大创新驱动力度上来，不断为创新发展注入新的动力和活力。通过实施人才战略，进一步深化产学研体制的改革和创新，大力推进高校科研机构的技术转移，大规模支持企业实施创新成果产业化，促进技术、人才、资金等创新资源向具有技术创新优势的产业区域集聚，从而实现人才创新基础上的科技创新和产业转型。

如何促进全省高校深化改革，更好地服务经济发展方式转变和现代化建设，是浙江省深化高等教育改革和发展的战略选择。高等院校应该利用自己的学科优势、人才优势和科研优势，以人才和科研为依托，直接为社会经济发展提供服务。走一条"地方性、应用型、合作式、一体化"的应用性地方高等教育发展道路，提升地方高等院校服务创新驱动发展的能力，把服务地方经济社会发展作为高等教育的主要职责。高校服务地方驱动发展，是实现产业发展与人才培养合作双赢的一种有益尝试，必将为产业加快转型升级，提高产业综合竞争力提供重要的人才支撑和智力支持。同时，也将有力推动高校的教育教学改革和人才培养模式创新。

高校服务全省创新驱动的重点是建立产学研创新体系的体制和机制，积极规划建设一批省级重点企业研究院，实施一批产业技术重大攻关专项，培养一批青年科学家，研制一批具有自主知识产权和市场竞争力的重大战略产品，努力突破技术"瓶颈"制约，掌握核心关键技术，推动浙江省新一代信息技术、新能源、新材料、节能环保、生物与现代医药、智能装备制造、海洋开发和新能源汽车等产业加快发展，培育形成新兴产业高地和高技术产业集群。

高校服务全省创新驱动的关键点是政府要通过制度创新，进一步强化政策措施，着力推进产学研协同创新。这些举措包括推动企业成为技术创新决策、研发投入、科研组织和成果转化应用的主体。鼓励和推动高校、科研院所与企业形成创新利益共同体。积极探索具有浙江特色的企业出题、政府立题、协同解题的产学研合作创新之路。积极推进企业、高校和科研院所紧密结合，以产权为纽带，以项目为依托，形成各方优势互补、共同发展、利益共享、风险共担的协同创新机制；通过联合建立研发机构、产业技术创新联盟、博士后工作站等技术创新组织，形成协同创新与协同制造。鼓励高等院校和科研院所采用市场化方式，向企业开放各类科技资源，鼓励社会公益类科研院所为企业提供检测、测试、标准等服务。

改革开放后，中国经济社会快速发展的巨大需求为中国高等教育的发展提供持续动力，20世纪和21世纪之交，我国高等教育实现了规模上的跨越式发展。但伴随中国经济发展由不可持续的"资源要素型"经济向可持续发展的"知识创新型"经济转轨，人才、科技、创新等成为经济社会发展第一推动力的重要地位在实践中得以验证。高校具有知识创新、人才培养、传承文化、服务社会四大基本职能，作为高素质人才集聚地和创新人才培养地，是科技创新和知识创新的桥头堡，拥有并能够向社会提供和吸纳创新资源的优势，鉴于教育与经济的相互影响性，经济社会领域的发展需求反映到高等教育领域，要求其实现质量上的内涵式提升，以契合经济社会的可持续发展。高校应在基础研究、前瞻性基础研究、应用基础研究、关键共生技术、前沿引领技术中发挥支撑作用，在颠覆性技术创新、原创性重大成果等国家创新体系中发挥引领作用，深化产教融合，将大学和学科建设发展与推动经济社会发展紧密结合，提高其对产业转型升级的贡献率，成为催化产业技术变革、加速创新驱动的策源地。

2006年，教育部、科技部联合召开的高校服务地方发展工作会议总结了我国高校服务地方的工作思路、经验、做法，要求高校坚持"服务为宗旨、在贡献中发展"，牢固树立主动立足地方、依靠地方、服务地方的意识，将服务地方经济社会发展作为责任、使命和办学目标，提高高校自主创新能力，努力成为解决国计民生、实现技术转移、成果转化的生力军。地方高校已成为我国高等教育的重要组成部分与国家创新体系的重要主体。

服务地方创新发展是世界高等院校职能发展演变的基本趋势。从1862年美国《莫雷尔法案》明确社会服务是高等院校的主要职能之一到威斯康星大学确立"威斯康星思想"并突出大学服务本州区域经济发展需要，奠定了大学的社会服务职能观。自此，滥觞于美国的大学社会服务职能成为各国高等教育发展的共同选择。如 1947 年日本政府颁布的教育法令，明确日本高校作为学术中心，在广泛传播知识的同时必须深入教授和探究专门的学艺，养成智慧、道德及应用能力，为第二次世界大战后日本重建、产业结构调整和技术水平提升等提供保障。1968 年法国《高等教育方向指导法》要求大学积极参与国家和地方经济文化活动。1985 年英国《20 世纪 90 年代英国高等教育的发展》中指出加强高校与产业界的联系是英国高等教育今后的发展方向，并在 1987 年的《高等教育——应付新的挑战》中肯定高等教育的改革目标是通过与工商界建立密切联系来更有效地为经济和社会发展服务。

高校坚持服务地方经济社会的发展导向又是实现高校和区域共生发展、互惠互利的历史必然趋势。1995 年《国务院关于深化高等教育体制改革的若干意见》中指出高校通过人才培养和科技服务等方式为地方经济和社会发展服务，拓宽高校服务面；1996 年《关于加强高等学校为经济社会发展服务的意见》中规定各高校把科技工作的重点放在振兴本地区经济、社会发展服务，促进产学合作。知识经济时代，国家间、区域间的竞争归根结底为知识的竞争、人才的竞争、科技的竞争和创新能力的竞争，知识已成为第一生产要素、科技是第一生产力、人力资源是经济社会发展的第一资源的根本性变化带来产业结构调整和劳动力需求结构的变化，科技与教育在经济社会发展中的决定性作用日益凸显，由边缘走向中心。地方高校服务区域经济社会发展源于高校运营成本不断提高以及政府财政不断紧缩下，其生存发展的根基在于地方政府和社会的支持度和认可度，地方高校属性及其学科可持续发展的内在需求决定其必须坚定不移地服务地方经济社会。

2012 年，全国科技创新大会提出创新驱动发展战略，党的十八大报告进一步明确实施创新驱动发展战略，强调科技创新是提高社会生产力和综合国力的战略支撑，必须摆在国家发展全局的核心位置。随着中国经济步入"调结构、稳增长、转动力"的新常态阶段，区域经济社会也朝纵深化方向发展，逐渐进入改革深水区。十八届三中全会强调把创新放在国家发展全局的核心位置，不断推进理论创新、制度创新、科技创新、文化创新，牢固树立"创新、协调、绿色、开放、共享"的发展理念，以创新引领经济社会全面和谐发展。党的十九大报告再次指出加快建设创新型国家，深化科技体制改革，建立以企业为主体、市场为导向、产学研深度融合的技术创新体系。促进科技成果转化，通过优化学科结构，加快世界一流大学和一流学科建设，培养一批具有国际水平的战略科技人才和高水平科技创新团队，实现高等教育内涵式发展。国家颁布的系列战略方案为地方高校以创新驱动地方发展提供政策依据。

进入 21 世纪以来，浙江省也把科教人才工作纳入"八八战略"，先后作出建设科技强省、教育强省、人才强省、创新型省、科教人才强省等重大布局，大力推进科技进步与创新、提升全省自主创新能力。2013 年浙江省委十三届三次全会审议通过《中共浙江省委关于全面实施创新驱动发展战略 加快建设创新省份的决定》，提出坚定不移地实施创新驱动发展战略、加快创新型省份建设，开启现代化浙江建设新引擎，密切结合科技与经济发展点，注重教育、科技、人才工作协调发展，着力构建市场导向、企业引领、政府引导、高校主持、产学研相结合的区域创新体系，大力发展创新型经济，为现代化浙江建设给予动力支撑。浙江省委、省政府大力实施科教兴省、人才强省、高等教育强省等一系列战略，使浙江省成为全国高等教育发展最快的省区之一。浙江省地方高校作为科技第一生产力和人才第一资源的重要结合点，在《浙江省促进科技成果转化条例》等科技政策与浙江省"重点高校建设计划"引导下，浙江省高校重中之重一级学科、重中之重学科、人文社科重点学科紧紧围绕地方经济社会发展需求，促进地方高校学科、人才、科研与区域产业相互动，科技与经济相联系，创新项目与现实生产力相转化，创新成果与相关产业、行业部门、企事业单位相对接，浙江省地方高校科研成果丰富，服务地方经济社会发展能力等显著提升。"十二五"建设期内浙江省地方高校共承担横向科研项目5860项，共获横向科研经费108416.44万元，相关研究产生巨大经济效益和社会影响；"十二五"期间各学科技术转让收入共计35063.455万元，其中专利出售12973.385万元，占技术转让总收入的37%，研究成果给地方经济的发展注入强大动力；浙江省地方高校学科发挥自身专业优势，主动积极与地方企业、相关产业、事业单位共建研发平台，承接大型研发项目，积极推进成果转化、推广和应用，使"政产学研用"协同合作更加深入。

地方高校是区域经济发展的智库，是科技成果转化的重要基地，如何有效提升地方高校科技创新力是驱动区域创新发展中的重要议题。全球竞争实质是科技上的较量，各国及其地方政府都不约而同地把科技发展作为提高国家整体实力和区域发展能力的重要手段，且上升到战略决策层面，其中科技成果转化在提升创新实力，推动创新驱动发展过程中的作用至关重要，只有通过转化，科学研究成果才能应用到生产生活之中，转为现实生产力。而我国高校普遍存在技术转移效率低、科技成果转化率弱的通病，正成为制约地方政府实施创新驱动发展战略的主要障碍。1996年以来，浙江省为促进地方高校科技成果转化，构建区域科技创新体系，提升高校服务地方创新驱动发展能力，颁布了一系列科技政策，并逐步形成以《浙江省促进科技成果转化条例》为主体，其他政策为辅的促进科技成果转化政策体系，分析研究这些科技政策绩效是浙江建设创新强省、经济强省、科技人才强省、高等教育强省征程中亟须考虑的关键性问题。此外，浙江省作为中国经济大省和经济强省，其经济发展走在全国前列，但高等教育创新力及质量并未得到同程度的提升。在目前科技创新及转化制度尚不完善，各类环境支撑要素不足，尤其 R&D 投入结构不合理等因素影响下，浙江省地方高校在科技创新方面的作用及潜力未得到充分发挥。因此，客观评价浙江省促进地方高校科技创新政策绩效并分析浙江省高校 R&D 投入对浙江省地方高校科技创新力水平的影响，对其科技创新力的提升及地方经济的发展具有一定的现实指导意义。

　　本书由五章构成。第一章分析了浙江省地方高校学科当前的发展现状，将浙江省地方高校学科发展置于创新发展的"八八战略"和浙江省产业转型升级的大环境下，精准定位地方高校学科的建设和发展；第二章分析了浙江省促进高校科技成果转化的科技政策，从政策数量与力度、政策工具、政策制定部门、政策内容五个方面梳理浙江省促进高校科技成果转化政策的历史演变过程，详细说明了政策选取与收集过程，科技政策的分析单元、类目的制定与编码过程，提出科技政策的分析框架，并构建浙江省促进高校科技成果转化政策体系；第三章从科技投入、科技产出、科技转化三个方面，通过与江苏省、上海市的对比，科学评价浙江省地方高校科技成果转化绩效水平；第四章以地方高校 R&D 投入为切入点，整理了浙江省 2007—2016 年的纵向数据及各省市地方高校科技创新力的相关横向数据，对各省市地方高校创新力的四维度进行因子分析，通过因子得分评价浙江省地方高校科技创新力整体状况；第五章通过 BCC 模型下的数据包络分析对各省市地方高校 R&D 投入与科技创新产出绩效进行量化分析，并运用 DEA-Malmquist 非参数数据包络分析方法对浙江省地方高校科技创新力在全国范围内进行横向与纵向比较。

　　本书以高校服务地方创新驱动发展的视角，旨在整体上充分了解浙江省地方高校服务地方创新发展的现状以及存在的问题，并提出相应的对策建议，以提升浙江省地方高校驱动浙江经济社会创新发展能力，提高浙江省的科技创新力和综合竞争力。其理论意义在于：从学术知识增量上看，现有研究较多考察科技政策与所在区域整体技术绩效和经济绩效的关系，或仅从企业角度探讨科技政策的绩效，鲜有学者研究高校科技成果与科技政策环境间的关系。高等院校是区域科技成果产出与转化的重要力量,地方高校的科研成果产出与转化能力的提升对地方创新驱动具有重要意义,而科技政策作为最重要的外生变量之一,通过实证分析、探讨科技政策与成果转化间的关系,能丰富高校科技成果转化的科技政策绩效内容。与此同时,高校创新力是区域创新体系重要组成部分,提升地方高校创新力在一定程度上就是在提升区域科技创新力水平。从研究方法上看,部分学者对科技政策绩效研究主要通过比较分析法、案例法和社会调查法对一项或某一系列的科技政策进行评价,虽具有一定的针对性,由于政策的效应决定于多方面的因素影响,所以这类研究的结论具有较强的主观性;亦有部分学者运用量化分析的方法,对 R&D 经费、R&D 人员、专利数等能反应科技政策所带来的投入及产出的科技活动数据进行分析,但往往忽视科技政策要素的影响。本书综合运用了政策文献计量学,灰色关联度分析法等量化分析工具,从纵向和横向两个纬度分析浙江省科技政策本身各指标与地方高校科技成果转化指标间的关联度,分析浙江省促进地方高校科技创新的政策绩效;并以地方高校 R&D 投入为切入点,通过因子分析法及其因子得分来评价浙江省地方高校科技创新力整体概况;最后通过 BCC 模型下的数据包络法分析浙江省地方高校 R&D 投入与科技创新产出绩效,并运用 DEA-Malmquist 非参数数据包络分析法评估全国 28 省市中浙江省地方高校科技创新力的发展水平。

总之,高校服务地方创新发展的政策研究目标是通过分析浙江省科技政策在引导、改善、提升浙江省地方高校科研能力、学科竞争力、服务地方能力等方面的经验与问题,为浙江省地方高校走出一条"地方性、应用型、合作式、一体化、校地共生"的地方高等教育发展道路提供科学依据。

本书的实践意义在于:对浙江省促进高校科技成果转化的科技政策进行系统梳理和文献计量,有助于全面了解浙江省建设创新型省份、实现创新驱动发展的历史改革进程,了解浙江省地方高校科技创新力总体状况,评估浙江省地方高校在浙江省创新发展中的地位和作用，为省政府明晰地方高校实际创新能力，制定相应的科技政策提供佐证；对科技政策促进高校科技成果转化绩效进行评价，考察科技政策各维度的绩效水平，指出其薄弱环节，为"政产学研用"中政府职能有效发挥和针对性、前瞻性政策制定提供参考，更好地引导高校优化科技投入结构，整合科技资源；对浙江省科技政策促进高校科技成果转化的绩效进行考量，能激发地方高校及政府推动科技成果转化意识，加快促进地方高校科技成果转化的专项科技政策制定进程，为浙江省地方高校结合区域社会经济需求和自身优势，调整学科布局、统筹整合资源、加强产学研共融，提升办学质量和高校创新能力，推进地方高校科技成果市场化提供依据。

基于浙江省地方高校 R&D 投入来研究浙江省地方高校创新力，以厘清 R&D 投入结构及各组成成分具体状况，能让高校了解自身优劣，查缺补漏、夯实优势，探索进一步提升浙江省地方高校科技创新力的改革思路和实践路径。

CONTENTS **目录**

第一章

浙江省地方高校学科
建设的现状分析

第一节 浙江省创新发展的"八八战略"和产业转型

一、浙江省创新发展的"八八战略"

浙江省正处于"调结构、稳增长、转动力"的新常态经济发展的重要转型期，创新驱动、创新发展是全省"十三五"时期乃至更长时期内的发展主线，但同时国内外环境错综复杂，凝聚高端要素、聚焦后续发展动力等方面的竞争更加激烈，"工业4.0"时代，智能化制造业、以"互联网+"为依托的经济模式将成为经济发展的中坚力量，为各省的产业转型、升级、创新等提供重大机遇的同时也对各省技术内生化、创新能力提出更高要求。2003年7月，中共浙江省委第十一届四次全体（扩大）会议提出浙江省面向未来发展需发挥"八个方面优势"、推进"八个方面的举措"，简称"八八战略"。认为深化"八八战略"，是坚持科学发展，走中国特色社会主义道路的生动实践。"八八战略"的内容为：①进一步发挥浙江的体制机制优势，大力推动以公有制为主体的多种所有制经济共同发展，不断完善社会主义市场经济体制；②进一步发挥浙江的区位优势，主动接轨上海、积极参与长江三角洲地区交流与合作，不断提升对内外开放水平;③进一步发挥浙江的块状特色产业优势,加快先进制造业基地建设,走新型工业化道路;④进一步发挥浙江的城乡协调发展优势,统筹城乡经济发展,加快推进城乡一体化;⑤进一步发挥浙江的生态优势,创建"生态省",打造"绿色浙江";⑥进一步发挥浙江的山海资源优势,大力发展海洋经济,推动欠发达地区跨越式发展,努力使海洋经济和欠发达地区成为浙江省经济新的增长点;⑦进一步发挥浙江的环境优势,积极推进基础设施建设,切实加强法制建设、信用建设和机关效能建设;⑧进一步发挥浙江的人文优势,积极推进科教兴省、人才强省,加强建设文化大省。

浙江省根据"八八战略"提出了干好"一三五"、实现"四翻番"的决策部署。2015 年,习近平总书记在考察浙江时也强调"浙江的人才优势要继续巩固和发展,还要与时俱进、更上一层楼",2017 年,浙江提出"突出人才强省战略",凸显人才在区域经济社会发展中的"第一主体价值",这与"八八战略"中打造浙江人才强省的战略布局相吻合。围绕人才的"争夺战"愈演愈烈,浙江省须集聚人才资源,建设教育强省、依托人才和科技创新驱动区域发展、省域发展,以"八八战略"作为引领浙江发展的总纲领,立足于当前世情、国情、省情的基础上,将中央精神与浙江实际相结合,不断深化"八八战略",推进浙江经济社会的全面发展。

中国特色社会主义进入新时期,社会主要矛盾已转化为人民日益增长的美好生活需要与不平衡不充分发展间的矛盾,在高等教育大众化时代,反映到教育领域的主要矛盾就是人民对于优质高等教育需求与高等教育发展不平衡不充分间的矛盾。浙江经济总量一直居全国前列,作为经济强省,浙江省共有普通高等学校 108 所(含独立学院及筹建院校)。其中,大学 17 所、学院 21 所、独立学院 21 所、高等专科学校 1 所、高等职业学校 48 所。[①] 2017 年浙江省高考报名人生 29.13 万人,占全国报名考生的 3.1%,在全国 31 个省区市中排名 14 位,但浙江省高校数量仅占全国高校数量的 4.1%,在普通高等学校中,地方院校 107 所,占浙江普通高校总量的 99.07%;1998 年四校合并后,全省"985""211"高校仅浙江大学一所,经过多年的超常规发展,2017 年入选国家一流大学只有 1 所——浙江大学,入选一流学科高校仅两所为中国美术学院和宁波大学;浙江省高等教育的规模和整体实力在长三角地区均处在较弱的地位,与浙

---

① 浙江省教育厅.2017 年浙江教育事业发展统计公报 [EB/OL]. http://www.zjedu.gov.cn/news/1522719649893363833.html.

江省经济大省的地位极不相称。高等教育优势即区域发展优势，并能够为区域经济与社会发展提供不竭动力。[①] 浙江经济社会持续和谐发展所需的人才、智力、科技、创新等方面支撑与省域高等教育综合实力偏弱造成的供需不匹配矛盾将制约浙江的后续发展，高等教育是制约浙江省创新发展的突出短板。

学科是大学的基础，承担着人才培养、科学研究、服务社会、传承文化的职能。根据《浙江省中长期教育改革和发展规划纲要（2010—2020年）》和全省教育工作会议精神，"十二五"期间，结合浙江省实际情况，于2011年启动重点学科建设工程，规划建设300个省重点学科，10个"重中之重一级学科"和一批重中之重学科和人文社科重点研究基地，建设周期均为五年，其中重中之重学科建设代表浙江省理工类学科建设的最高水平，省人文社科重点研究基地建设代表浙江省文科类学科建设的最高水平，省重点学科代表了我省各高校学科的较高水平。建设目标是通过科学规划和重点建设，促进浙江省高校内涵建设与发展，引导高校科学定位，优化结构，形成各自的办学理念、办学风格和办学特色，提高办学质量和办学效益。使不同层次、不同类型高校各安其位、各尽其能，努力在不同层次、不同领域争创一流，以适应经济社会发展对高层次人才培养的新要求，在人才培养，以及科技开发、产学研结合、科技成果转化等方面，形成各自办学优势、学科特色和专业品牌。经浙江省高校重点学科建设评估委员会评审，经浙江省政府批准，浙江省"十二五"省重中之重一级学科14个、"十二五"省重中之重学科20个、"十二五"省人文社科重点研究基地学科19个，具体名单见表1-1～表1-3，"十二五"省重点学科318个。省财政每年对遴选的重中之重每个学科建设经费补助500万元，要求各高校每年按不少于1∶0.5的比例进行配套；人文社科重点研究基地建设经费补助100万元，要求各高校每年按不少于1∶1比例进行配套；省重点学科理工类省重点学科省财政每年每个学科建设经费为25万元，人文社科类每年每个学科为12.5万元，高校每年按不少于1∶1的比例进行配套。实施"重中之重"学科和重点学科建设工程是深入落实人才强省和科教兴省战略，适应浙江省经济发展方式转型、调结构、稳增长的新要求，加快经济文化强省建设的重大举措，也是浙江省创建世界一流学科、世界一流大学的必由之路。

---

① 吴志攀. 高等教育与区域发展 [J]. 北京大学教育评论, 2003 (4)：68–77.

表1-1　　　　　　"十二五"浙江省高校重中之重一级学科名单

序号	单位名称	学科名称	序号	单位名称	学科名称
1	浙江工业大学	机械工程	8	温州医学院	临床医学
2	浙江工业大学	化学工程与技术	9	浙江工业大学	药学
3	宁波大学	水产	10	宁波大学	信息与通信工程
4	浙江理工大学	纺织科学与工程	11	杭州电子科技大学	电子科学与技术
5	杭州电子科技大学	控制科学与工程	12	浙江工商大学	食品科学与工程
6	浙江中医药大学	中医药	13	浙江中医药大学	中药学
7	浙江农林大学	林学	14	温州医科大学	数学

表1-2　　　　　　"十二五"浙江省高校重中之重学科名单

序号	单位名称	学科名称	序号	单位名称	学科名称
1	浙江工业大学	环境科学与工程	11	浙江理工大学	化学工程与技术
2	浙江工业大学	材料科学与工程	12	杭州电子科技大学	机械工程
3	浙江工业大学	控制科学与工程	13	杭州电子科技大学	计算机应用技术
4	浙江师范大学	化学	14	中国计量学院	仪器科学与技术
5	浙江师范大学	计算机科学与技术	15	浙江中医药大学	中西医结合
6	浙江师范大学/浙江省农科院	生物学	16	浙江海洋学院	海洋科学
7	宁波大学	力学	17	浙江农林大学	林业工程
8	宁波大学	物理学	18	浙江万里学院	生物工程
9	浙江理工大学	生物学	19	杭州师范大学	化学
10	浙江理工大学	机械工程	20	温州大学	化学

表1-3　　　"十二五"浙江省人文社会科学重点研究基地名单

序号	单位名称	学科名称	序号	单位名称	学科名称
1	中国美术学院	美术学	5	浙江工业大学	中国语言文学
2	中国美术学院	设计学	6	浙江工业大学	工商管理
3	中国美术学院	艺术学理论	7	浙江师范大学	教育学
4	浙江工业大学	应用经济学	8	浙江师范大学	中国语言文学

续表

序号	单位名称	学科名称	序号	单位名称	学科名称
9	宁波大学	法学	15	浙江工商大学	法学
10	宁波大学	外国语言文学	16	浙江工商大学	工商管理
11	浙江理工大学	应用经济学	17	中国计量学院	管理科学与工程
12	杭州电子科技大学	管理科学与工程	18	浙江财经大学	应用经济学
13	浙江工商大学	应用经济学	19	杭州师范大学	艺术学理论
14	浙江工商大学	统计学			

2017年6月浙江省第十四次党代会首次提出全面实施高等教育强省战略，突出高等教育在创新驱动中的引领作用；2017年11月，浙江省委省政府印发的《高水平建设人才强省行动纲要》中指出加快建设一批高水平大学，实施浙江省高等教育强省战略行动计划和省重点高校建设规划，通过创新平台、人才政策、自然环境、社会环境、文化环境、经济环境、政治环境七个方面努力打造人才生态最优省，激发人才活力，为经济社会发展事业服务。同时也是对"八八战略"，以及积极推进科教兴省、人才强省，加强建设文化大省这一战略的细化、深化和具体化。知识经济时代，区域经济竞争归根结底为人才与科技的竞争。高等学校作为科技第一生产力和人才第一资源的重要结合点，其在区域经济社会发展中的核心地位日益凸显，所培养的人才作为经济社会发展的首要资源毋庸置疑，是保障经济发展、科技进步、产业转型升级等的重要基石。地方高校发展与区域发展具有共生性，高校与所在地区不仅形成了相互作用的螺旋上升态势，且自身也成为区域发展重要组成部分，建立地方高校与地方经济之间的良性关系，实现互补共赢。① 因此，为了让浙江省高校立足浙江、扎根浙江、面向浙江，充分发挥高校人才培养、科技创新、文化传承等功能，就要紧紧围绕高水平全面建成小康社会和高水平推进社会主义现代化建设的宏伟目标，统筹推进富强浙江、法治浙江、文化浙江、美丽浙江建设；集中力量、资源和政策，联动推进改革强省、创新强省、开放强省、人才强省战略的实施；结合实际创造性地落实完成产业转型升级、扩大对外开放、统筹城乡区域发展、提升文化软实力、提高社会建设水平、推进生态文明建

① 陈晓阳，姜峰. 地方高校服务区域经济发展的战略选择及实践［J］. 中国高教研究，2012（Z3）：24－25.

设等主要任务。推动浙江经济社会又好又快发展，坚定不移沿着"八八战略"发展总纲领，以创新驱动实现可持续发展。

二、浙江省的产业转型发展

面对新一轮产业变革、技术革新和经济下行压力，党的十七届五中全会提出把经济结构战略性调整作为加快转变经济发展方式的主攻方向，把科技进步和创新作为加快转变经济发展方式的重要支撑，保持经济中高速增长；十八届五中全会进一步强调创新发展，把创新摆在国家发展全局的核心位置，不断推进理论创新、制度创新、科技创新等。在当前新常态下，推进经济发展、转型升级的关键在于动力转换，从传统的投资拉动、出口带动、要素推动转为依靠科技、人才、创新驱动。《中国制造2025》提出"创新驱动、质量优先、绿色发展、人才为本"的基本方针，到2025年进入制造强国行列，到2035年中国制造业整体水平达到世界制造强国阵营中等水平，到2050年综合实力迈入世界制造强国前列。有学者指出中国经济转型升级面临从"中国制造"走向"中国智造"的工业转型升级与从物质型消费走向服务型消费的消费结构升级两大趋势，其出路在于加快从工业大国走向服务业大国，基本形成服务业主导的经济结构。[①] 如何实现由传统模式向新兴模式转型，推动中国制造业转型升级；如何从数量规模拉动转型到依靠科技创新驱动；如何让中国的人才资源在该过程中发挥作用，是新时期发展的重点和难点。

大学作为知识集聚体和源头，拥有并能够向社会提供和吸纳创新资源的优势，应当在基础研究中发挥支撑作用，在国家创新体系中发挥引领作用。据此，各省区市都将加快经济发展方式转变和科技创新发展作为未来时期内区域社会发展的主线。但囿于浙江省资源"先天不足"、环境要素禀赋欠缺，要成功实现经济转型升级必须转换经济发展模式，全面实施高等教育强省战略，实施好重点高校建设计划和产教融合发展工程，增加省重点建设高校和学科数量，扎实推进应用型本科和重点高职院校建设，发挥高校在创新驱动、高层次人才培养中的重要支撑作用，助推浙江省产业转型发展。同时深化产教融合，着力提高高校对产业转型升级的贡献率，努力成为催化产业变革、加速创新驱动的策源地；强化科技与经济、创新

---

① 迟福林. 转型抉择2020：中国经济转型升级的趋势与挑战［M］. 北京：中国经济出版社，2015.

成果与产业对接，增强高校创新资源对经济社会发展的驱动力。[①] 据
《2017年浙江省国民经济和社会发展统计公报》显示，浙江省第三产业增
加值27279亿元，增长达8.8%，第三产业对浙江省生产总值GDP增长的
贡献率为57.0%，且三大产业结构比例由2016年的4.2∶44.8∶51.0调整
为3.9∶43.4∶52.7；在规模以上制造业中，高技术、高新技术、装备制
造、战略性新兴产业增加值分别比2016年增长16.4%、11.2%、12.8%、
12.2%，高新技术和战略性新兴产业利润总额分别增长20.3%和25.6%；
在规模以上工业中，信息经济核心产业、文化产业、节能环保、健康产品
制造、高端装备等增加值分别增长14.1%、5.7%、11.4%、13.3%；在
战略性新兴产业中，新一代信息技术和物联网、海洋新兴产业、生物产业
增加值分别增长21.5%、11.2%和12.5%；关于研究和发展方面，2017
年浙江省R&D经费支出1260亿元，占生产总值的2.43%，财政一般公共
预算支出中科技支出303.5亿元，比上年增长13.6%，全年专利申请量37.7
万件，授权量21.4万件，其中发明专利授权量2.87万件，增长8.2%，
科技进步贡献率为60.1%，新增"浙江制造"标准129个。[②] 数据表明浙
江省产业结构渐趋合理，第三产业逐渐成为浙江省的支柱性产业，制造业
由传统生产方式向智能制造和科技创新转型，逐渐形成高端制造业和现代
服务业为主体的现代产业结构；面向科技创新前沿，打造数据强省、形成
云上浙江，据统计，全国大约85%的网络零售、70%的跨境电子商务、
60%的企业间电商交易都依托浙江的电商平台完成，浙江IT产业年平均
发展速度在25%以上，全省信息消费规模达1500多亿元，[③] 省内互联网
普及率和信息化发展指数居全国前列。"互联网+"为核心的信息经济产
业正成为浙江的特色产业和优势产业。

　　浙江省自2011年起，通过设立"浙江海洋经济发展示范区""义乌市
国际贸易综合改革试点""舟山群岛新区""温州市金融综合改革试验区"
等国家经济体制改革与发展试验区，积极探索经济与社会创新发展的新路
径，在积极有效地化解国内外风险挑战的同时培育壮大浙江省经济发展新
增长点，推动浙江经济转型。2015年结合浙江底蕴和潜力，重点打造信

　　① 国务院. 统筹推进世界一流大学和一流学科建设总体方案 [EB/OL]. http：//www. gov.
cn/zhengce/content/2015 - 11/05/content_10269. htm.
　　② 浙江省统计局 2017 年浙江省国民经济和社会发展统计公报 [EB/OL]. http：//www.
zjgov. cn/art/2018/2/27/art_5497_2268995. html.
　　③ 中国财经. 电商换市深挖浙江经济强大潜能 [EB/OL]. http：//finance. china. com. cn/
roll/20140606/2451055. shtml.

息、环保、健康、旅游、时尚、金融、高端装备制造"七大万亿"产业，不断夯实浙江特色经济和优势产业。到 2017 年浙江省政府工作报告在"七大万亿"产业基础上又新增文化产业，首次提出"八大万亿"产业，大力推进各产业间融合互动、业态创新，加快浙江省建立以八大万亿产业为支柱的产业体系。在浙江省政府的政策引导和资源扶持下，浙江省产业转型升级、经济结构调整不断优化，产业结构由"二三一"转向"三二一"，正进入后工业化时期，服务业特别是生产性服务业进入加速发展时期，逐渐形成"互联网＋"为依托的信息经济产业、高新技术产业、战略新兴产业、智能制造业等共同发展的良好局面。但在国内经济面临下行压力，经济增速由中高档降到中低档的大环境下以及浙江省资源要素制约的现实困境下，浙江省面临"四大结构"调整、优化、升级挑战。一是浙江省产业结构中的工业产业层次较低导致产品附加值不高，大量中小企业以人力代替机器，劳动力效率较低；现代服务业发展相对滞后，服务业在三大产业中占比提高和生产性服务业提速缓慢。二是浙江省要素结构面临供需矛盾，在能源、水、土地、资本等要素供不应求下如何保障浙江省经济社会高质量发展。三是浙江省人口结构中就业人口素质不高且外来务工人员大规模涌入，面临如何实现将浙江省数量型人口红利转为质量型人力资本红利的难题。四是科研成果结构中高端科研项目和有重大影响的科研成果数量较少，国家级高端人才、创新型领军人才缺乏；成果转化体制机制尚不完善，产学研用协同合作不够紧密，利用科技创新服务浙江经济社会发展的能力有待全面提升。

面向未来，浙江须砥砺奋勇前行，充分发挥地方高校作为区域创新体系中知识创新主体、技术创新和转移的引领者、人力资本提供者，其创新能力建设直接关系着区域创新体系建设的成败。① 浙江省高校由浙江举办、财政给养和隶属浙江等特性决定其要担负起区域人才供给、科技创新、服务社会、创造知识的四重使命以服务于浙江经济社会发展、推动产业创新转型、解决区域实际问题等。浙江省推出"省重点高校建设计划"也强调高校要以服务地方经济社会发展为着力点，提高承担省重大科研项目及解决重大实际问题的能力，注重人才培养质量，使人才数量、质量、结构与经济社会发展需要相适配，充分利用浙江省高校科研优势、学科平台、创新桥头堡来服务产业、企业，形成产学研教用协同创新来引领产业转型升

---

① 王钱永，任丽清．双一流建设视角下地方高校区域创新能力建设［J］．中国高教研究，2016（10）：38－42．

级，加速科研成果转化、推广、市场化，促进省属高校与经济社会发展形成良性互动机制。

第二节 "双一流"背景下地方高校学科发展的定位

20 世纪 90 年代，我国实施高校"211 工程""985 工程"等重点建设项目，集中优势资源，通过"部分—整体""中心—外围"的发展战略，优先扶持和建设一批重点高校与学科，使其达到世界一流或国际知名大学水平。总体来说效果比较显著，如 QS、THES、U. S. news 等世界大学排行榜与 ESI 学科排名中，中国高校、学科的入榜数量及排名位置大幅提升，重点大学建设工程夯实了我国高等教育整体实力，进一步缩小了与世界高等教育强国间的差距。党的十八大以来提出实施创新驱动发展战略，创新是提高社会生产力与综合国力的战略支撑。国内外发展环境及发展需求均对高水平的国际化人才提出更高、更迫切的要求。为全面贯彻深化改革的要求，推动我国高等学校内涵式发展，2015 年国务院出台《统筹推进世界一流大学和一流学科建设总体方案》（以下简称"双一流"）。因此，"双一流"建设背景下，作为高等教育主体的地方高校是积极"入围"，集中全校或地方资源与"双一流"标准精准"对标"，争取进入"一流大学或学科"行列？还是应从中"突围"，坚守发展定位上立足于地方、服务于地方的基本宗旨，通过着力发展具有区域化特征的优势学科、特色学科和应用型学科来参与"一流"学科建设？

一、"双一流"建设对地方高校学科建设的引领与影响

（一）"双一流"建设引领高校学科建设和发展

"985 工程"和"211 工程"等显著提高了重点建设高校的综合实力和国际影响力，提升了高等教育整体水平。[①] 当前高校"双一流"建设是我国重点大学建设发展战略的新阶段，是对长期以来重点高校建设的发展经验的总结和反思，也是面对新时期我国高等教育发展新形势作出的必然

① 陈鹏. 中国高等教育振兴历程［N］. 光明日报，2017 - 09 - 22，（9）.

选择。"双一流"建设以学科建设为基础，突出学科建设的关键性，对新时期我国高校学科建设起到了重大的引领作用。

（1）"双一流"建设打破原有高校的身份壁垒，为所有高校提供了一个公平开放的竞争机会。"双一流"建设实行滚动淘汰机制、以五年为周期，建设高校和学科有进有出，打破原有重点高校建设身份标签和竞争缺失的弊端，让所有高校都有参与竞争的机会，激发了高校的内生发展动力，给高校学科建设注入活力和创新力。而且"双一流"建设坚持扶优扶强扶特的价值取向，表明国家更关注一流高校和一流学科建设的广度和深度，积极鼓励地方高校参与"双一流"建设，尤其是一流学科角逐的机会和入选的可能，为地方高校特色学科和优势学科建设提供了难得的发展机遇。

（2）"双一流"建设强调增强高校办学自主权，提升高校学科建设自主性。"双一流"实施办法中明确提出高校要"根据自身实际，自主确定学科建设口径和范围"，给予高校更多的办学自主权，在学科办学理念、指导方针、组织建设等方面获得更大自主性。入选高校可根据自身学科建设实际来规划未来学科发展走向，可采取单个学科或学科群或学科领域等不同的目标建设模式，有利于高校重新自我定位，按照高等教育办学规律办出学科特色。

（3）"双一流"建设方案着力引导学科差别化发展，推动学科建设多样化。"双一流"实施办法中提出"鼓励和支持不同类型的高水平大学和学科差别化发展"。高校学科建设要依据各自优势和特色，突出自身学科优势，具有不可替代性，以错位优势来提升本校和学科竞争力。学科建设的差异化发展要立足于自身优势和特色，精准学科定位，规避与其他优势高校的优势学科竞争的劣势地位，也避免一流学科建设中的学科交叉重复问题，从而推动高校学科建设的多样化。差别化发展也为地方高校学科建设搭建舞台，正如实施办法中提出"省级政府统筹推动区域内有特色高水平大学和优势学科建设，积极探索不同类型高校的一流建设之路"。

（二）"双一流"建设对地方高校学科发展的影响

"双一流"建设一方面为所有高校提供公平竞争的平台和机遇，另一方面也在一定程度上影响了高等院校学科建设的目标导向，尤其是地方高校学科建设的定位问题。

（1）地方高校是否应按照一流学科建设标准来设置学科发展？"双一流"建设中的一流学科评选是以一级学科的综合实力为主体。而地方高校与央属重点高校相比,在学科基础和资源投入上都存在很大的差距,客观上制约了地方高校按一级学科建设一流学科的可能性和可行性,将地方高校与一流高校的学科建设水平在同一平台上进行比较,两者明显实力悬殊。如果地方高校向一流高校看齐,以一级学科建设作为规划重点,集中资源追求一级学科的全面建设,而忽视自己原有二级学科或特色方向的建设,既容易偏离地方高校的学科定位,也容易失去其传统学科的特色与优势。

(2)"双一流"建设的层层递推式模式是否可取?我们不能否认大多数省相继推出的"双一流"建设方案对高水平大学建设的推动作用,但遵循国家到省到高校这种单一梯度式的发展模式有可能会对我国高等教育的生态体系产生不利影响。尤其表现在省级"双一流"建设评选标准与国家的类同,如以 ESI 学科排名或教育部学位与研究生教育发展中心学科评估排名、学术人才队伍等指标作为评估依据。在同一评选标准引导下,各高校为入选国家一流或省一流,纷纷以此为一流学科建设和发展规划的依据,这种发展模式可能导致学科发展的趋同化,破坏高等教育生态体系的健全发展,同时也易引起地方高校资源条件限制下建设一流学科的焦虑。

(3)"双一流"建设引发高校人才争夺战。一流大学建设以一流学科建设为基础,而一流学科建设则有赖于一流的人才队伍。所以,"双一流"建设方案一经公布,高校就开启新一轮的人才引进热。全国各类高校竞相开出优厚待遇,不惜花重金引进人才。一些大学引进人才定位不清,只注重增量而忽视目标,为达到进入省重点大学建设行列而不惜重金引进高层次人才,而非按照自身学科发展的优势和特色按需设岗、按需取才。[①] 将学校的有限资源集中于对高端人才的引进,而不考虑自身学科人才队伍的梯度建设,既造成资源浪费,也不利于学科建设的良性发展。由于地方高校囿于资源和发展平台的限制,自己培养的优秀人才却被大量地流失,使其在人才竞争中常处于劣势地位。引不进、留不住人才成为地方高校学科队伍建设的一大难题。

二、"双一流"背景下地方高校及其学科发展定位

2017 年全国普通高等学校 2914 所(含独立学院),其中地方高校

① 罗家才. 自为之抑或他驱之: 大学高层次人才引进误区在解读——基于组织分析理论的视角 [J]. 江苏高教, 2017 (5): 9 – 14.

2822 所，占普通高等学校数的 96.8%，地方高校作为我国高等教育的重要组成部分与主体地位毋庸置疑，但由于地方高校在资源配置、发展历史、区域环境、学科基础等方面存在差距，不能"一刀切"或"一窝蜂"，而应以理性的态度合理选择"入围"或"突围"来参与"双一流"建设。

（一）地方高校参与"一流学科"建设的目标定位

大学是由众多要素组成的，包括学科、文化、师生、经费、制度等，正是这些子系统的科学有效运转推动整个大学的发展。学科无疑是学校最重要的基础，是学校竞争力的核心要素，一所学校的学科状况代表着学校学术水平的高下[①]。一般而言，学科水平与大学发展水平间呈高度正相关，学科水平很大程度上影响大学的国际地位和学术声誉。[②] 这就为地方高校通过"一流"学科建设参与"双一流"战略提供路径选择，如在第一轮"双一流"建设入围的地方高校中，如地方高校宁波大学的"力学"、河南大学的"生物学"、南京林业大学的"林业工程"、成都中医药大学的"中药学"等学科。但是从地方高校学科的综合实力、资源配置、学科基础等来看与央属重点高校存在明显差距，如果要求全国地方高校都以国家"双一流"学科建设为发展目标，就资源配置的有限性来说也是不可能或不现实的。因此地方高校立足于地方经济社会发展需要，以其区域化的优势或特色学科、应用学科为依托推进其"一流学科"建设才具有实际可能性。

（二）"入围"或"突围"：地方高校学科发展定位的两难抉择

"双一流"建设关键于一流人才，基础是学科，发力点是经费，地方高校"入围"或"突围"的两难选择在于政府资源获取与入选一流学科相挂钩。而现实是地方高校学科发展面临高端人才增量处于较低水平、学科带头人与青年英才存量不足等困境，以学科为依托的"双一流"建设发展路径后续能力偏弱。另外，地方高校的经费来源主要依赖政府财政拨款与学杂费收入，在高校运营成本不断增加的情况下，其经费捉襟见肘的同

---

① 瞿振元. 积极推动一批大学与学科跻身世界一流 ［N］. 中国教育报，2016 - 9 - 29：(8).
② 刘经南. 树立大学科建设理念 推进一流学科的跨越式发展 ［J］. 中国高等教育，2005 (Z1)：19 - 20.

时还需面对渐趋白热化的高校间"挖人才"大战。地方高校面临着自身培养人才留不住与外来人才引不进的双重困境，造成地方高校优势学科、特色学科、应用型学科、新兴交叉学科后劲不足，严重的甚至"伤筋动骨"，导致地方高校整体学科生态的失衡。由于重点高校长期以来获得了国家资源、政策的重点扶持，学校的整体实力与学科优势是地方高校难以超越的。所以，即使"双一流"建设是地方高校实现弯道追赶的难得契机，但是真正能实现这一发展目标的高校只能是地方高校中的极少数院校。

但在国家"双一流"高校建设的政策背景下，各省区市政府纷纷出台地方高校"双一流"建设或高水平大学发展规划，对其所入选的地方重点高校和学科实行倾斜性政策扶持与专项资金补助，积极"入围"似乎是地方高校及其学科发展的必然选择。但这种"明知不可为而为之"的发展模式势必会破坏地方高校原有的学科生态群，而要提升地方高校的综合实力和学科优势，必须扎根地方经济社会发展的需要，坚持自身长期积累的学科优势和特色，坚持地方性和应用性不动摇，因此选择"突围"似乎又是实现可持续发展的"佳径"。但如果地方高校选择"突围"意味着至少五年内基本很难获得国家或政府"双一流"建设的专项经费资助，对本就经费紧缺、人才稀缺的地方高校来说，也许将进一步加大与重点资助高校间的差距，再"入围"机会就更小。因此，"入围"还是"突围"是地方高校面临的两难选择。

第三节　浙江省地方高校服务地方
创新发展的战略转型

一、浙江省地方高校服务地方的逻辑起点

美国于1862年颁布《莫雷尔法案》后，推动美国高校以主动姿态服务社会，明确把社会服务作为高等院校的主要职能之一。[①]威斯康星思想强调大学的服务职能，宣称"服务应成为大学的唯一理想"，大学尤其是

① 蔡袁强. 地方大学的使命：服务区域经济社会发展——以温州大学为例［J］. 教育研究，2012（2）：89－94.

州立大学除知识传播和科学研究外，还应担负起本州经济服务的使命，知识传播和科学研究应考虑本州区域经济的需要，① 为大学社会服务职能观的确立奠定基础。20 世纪 90 年代产生于美国的"相互作用大学"，提倡树立以社会为中心的"他方中心论"，主张以丰富的智力资源为社会利益作出贡献，致力于为地方经济发展服务。② 1968 年法国《高等教育方向指导法》要求大学积极参与国家和地方经济文化活动；联合国教科文组织于 1978 年也明确高等教育的新任务是利用科学理论研究与应用科学实际来服务社会。③ 2010 年《国家中长期教育改革和发展规划纲要（2010—2020年)》中提出高校要牢固树立主动为社会服务的意识，推进产学研用结合，加快科技成果转化，增强社会服务能力；《统筹推进世界一流大学和一流学科建设实施办法（暂行)》中也进一步要求全面提升我国高等教育社会服务综合实力，突出与产业发展、社会需求、科技前沿紧密联系，为国家和区域经济转型、产业升级和技术变革服务。因此，综观高等教育职能发展史，地方高校服务地方既是各国高等教育发展的共同选择，也是地方高校与地方经济社会共生发展的内在要求。2017 年地方高校占全国普通高等学校数的 96.8%，地方高校作为我国高等教育的重要组成部分与主体地位毋庸置疑，应主动担负起服务地方的重任与义务。

（一）浙江省地方高校服务地方是校地共生发展的双向需要

浙江省地方高校与地方经济社会共生发展体现在：一方面，地方高校具有地方管理、地方投资、隶属地方的特点。首先，浙江省地方高校生存发展需要统筹浙江省各项资源，其办学经费主要由省财政拨款和学费两大部分组成，在当前地方财政拨款不能显著增加，以及地方高校运营成本不断提高的情况下，如果浙江省政府或地方政府对所属高校的投入减少，地方高校就只能靠学费维持，办学经费紧缺将直接抑制浙江省地方高校的后续发展；同时浙江省高校生存与发展环境也不是处于真空状态，必受所处的外部社会、经济、文化、政治等的影响，其发展需要地方予以资金支持、政策扶持、资源倾斜，然而，如获得浙江省"重点高校建设计划"或浙江省高校重中之重一级学科、重中之重学科、人文社科重点研究基地的

① 陈建国. 威斯康星思想与我国地方高校转型发展 [J]. 高等教育研究，2014 (12)：46 – 53.
② [美] J·韦德·吉利. 相互作用大学——美国重振活力之源 [A]. 葛守勤，周式中. 美国州立大学与地方经济发展 [C]. 西安：西北大学出版社，1990.
③ 杨德山. 地方高校服务地方的路径探析 [J]. 中国高校科技与产业化，2010 (7)：48 – 50.

专项经费资助，必然蕴含着省政府对地方高校能承担起促进浙江经济发展、社会进步、区域创新等责任的期许，可以说浙江省高校所能获得政府财政拨款的多少取决于其贡献的大小。其次，浙江省高校相较于浙江大学等央属高校来说，其资源配置、发展历史、学科基础、生源质量、师资水平等方面存在较大差距，难以承担国家级或省级重大攻关项目或解决国计民生或省计民生问题，而应在正视自身优劣的基础上在贡献浙江方面下功夫，扎根地方、立足地方，根据浙江省产业结构特点与企业需求，侧重于直接指导当地生产服务，解决浙江省经济和社会发展的实际问题则是浙江省高校可持续发展的捷径。

另一方面，浙江省可持续发展离不开高校人才、科技、知识等支撑。《中共中央国务院关于进一步加强人才工作的决定》明确"要充分发挥高校的人才培养重要基地作用。"人力资源是经济社会发展的第一资源，国家间或各省间的竞争说到底就是人才的竞争，浙江省产业结构正面临转型升级：传统制造业向高端智能制造业转型，逐渐形成以高技术、高新技术、战略性新兴产业、信息、环保、健康、时尚、金融、旅游、文化等为主体的第三产业结构。浙江省地方高校作为人才培养库，可根据浙江经济类型、产业结构特点、企业需求、地方特色设置相关专业、调整相关学科，密切与产业、企业、社会联系，培养符合浙江经济社会发展所需的应用型、服务型、创新型人才。其次，浙江省地方高校以科学研究和科技创新引领地方经济结构转型与产业升级。充分利用高校科研优势、学科平台等为浙江信息经济产业、"互联网＋"企业、生物产业、文化产业、民营企业等进行问题诊断和调研，通过与产业、企业等密切协作，加强科研成果转化和应用，带动高端智能制造业和高新技术企业发展，培育"三创"氛围引领浙江企业、行业进行不断的技术创新和体制创新。

总之，地方高校的属性决定其必须扎根地方、面向地方、服务地方，否则地方高校成为"无源之水"。尤其在"双一流"背景下，浙江省高校要想获得政府的财政拨款、政策扶持、社会认可度必须密切与当地社会联系，强化与浙江产业、企业的需求契合度，通过提升其对浙江省经济社会发展的辐射力来增强办学活力。同时，浙江省经济进入新常态关键期，产业结构、企业创新等迫切需要浙江省地方高校予以相匹配的人才、科技支撑，创新引领，助推其转型升级。因此，强化浙江省高校社会服务功能是浙江省校地共同发展的双向需要。

（二）高校服务地方是转变浙江经济发展方式，建设"四个强省"、推进"一带一路"倡议的内在要求

浙江省 2009 年第一季度的经济增长仅为 3.4%，全年经济增长率 8.9%，自此，浙江省告别了连续 19 年两位数的经济增长速度，经济增速放缓，步入经济新常态，但 2017 年浙江省经济增长率 7.8%，仍高于同期全国经济增长率 6.9% 和 2016 年 7.5% 的增长速度，保持了"又稳又好、稳中有进"的发展态势。

据浙江省经信委数据显示，2016 年上半年，浙江共淘汰落后和严重产能过剩企业 618 家，整治脏乱差和低小散企业（作坊）7112 家，随着低端落后产能的淘汰，2016 年第二季度，全省规模以上工业企业平均产能利用率 78.2%，比一季度高出 1.7%。① 首先 2017 年浙江省第二产业增加值 22472 亿元，增长 7%，规模以上工业增加值 14440 亿元，比上年增长 8.3%，规模以上制造业中，高技术、高新技术、装备制造业、战略性新兴产业增加值占规模以上工业的比例分别是 12.2%、42.3%、39.1%、26.5%。其中，高新技术、装备制造和战略性新兴产业利润分别增长 20.3%、19.5% 和 25.6%；而在规模以上工业中，信息经济核心产业、文化产业、节能环保、健康产品制造、高端装备、时尚制造业增加值分别增长 14.1%、5.7%、11.4%、13.3%、8.1%、2.4%；在战略性新兴产业中，新一代信息技术和物联网、海洋新兴产业、生物产业增加值分别增长 21.5%、11.2% 和 12.5%；10 大传统制造业产业增加值增长仅为 4.5%，规模以上工业新产品产值率约为 35.4%。第三产业增加值 27279 亿元，增长 8.8%；规模以上服务业企业②营业收入 13288 亿元，增速达 25.5%，实现利润 2202 亿元，增长 21.4%。数据分析表明：浙江省第二产业质量和效益明显提升，产业发展更加注重质而非量，如淘汰落后和严重产能过剩企业的基础上，第二产业实现利润 4570 亿元，增长 16.6%。其次，浙江省"优二进三"产业趋势明朗，2017 年第三产业对 GDP 增长的贡献率为 57.0%，其中信息传输、软件和信息技术服务业营业收入 5787 亿元，比上年增长 34.9%；科学研究和技术服务业营业收入 1194 亿元，增长 24.9%；教育营业收入 55 亿元，增长 5.3%；文体和娱乐业营业收入 373

---

① 浙江新闻. 7.7%传递的积极信号　四看浙江经济"半年红"［EB/OL］. https：//zjnews. zjol. com. cn/zjnews/zjxw/201607/t20160719_1777209. shtml.

② 规模以上服务业企业不包括批发零售住宿餐饮、房地产开发和银行、证券、保险业企业。

亿元，增长 4.2%；卫生和社会工作营业收入 148 亿元，增长 18.9%，第三产业作为浙江省主体产业与经济发展主引擎的地位日益突出。再次，浙江省高技术、高新技术、战略性新兴产业增速大幅高于规模以上工业增速，分别达 8.1%、2.9% 和 3.9%，依托科技促进浙江省产业发展、保证浙江产业可持续性意识凸显。最后，浙江以"新产业、新业态、新模式"为主要特征的"三新"经济增加值占 GDP 的 24.1%，信息经济核心产业增加值 4853 亿元，占 GDP 的 9.4%，浙江在创新驱动产业转型升级方面不遗余力。①

教育与经济的相互影响，要求地方高校加强与市场需求的契合度，根据自身特点，主动与相关产业对接。② 在新常态经济下，浙江产业调结构、稳增长、保质量的关键在于经济发展动能的转换，如何实现从传统的规模、要素投入拉动到人才、创新驱动的动力转换需要浙江省高校为其提供优质的科技支持和创新服务，发挥浙江省高校智库作用，围绕"改革强省、开放强省、创新强省、人才强省"四个强省和"六个浙江"建设，以国际化为导向，以"一带一路"倡议统领浙江新一轮对外开放，发挥浙江省地方高校作为浙江高层次人才聚集之地，省际、国际人才汇聚地，理应承担起浙江省国际交往和创新的重要平台。

浙江省教育厅根据省政府《关于加快推进省级产业集聚区高质量发展的若干意见》，要求全省高校都要与各地的产业集聚区相对接，围绕战略性新兴产业和高新技术产业的发展，根据园区的产业方向和重点领域，建立产学研一体的科技服务平台和创新创业服务体系，建立健全科技创新合作机制，推进产业发展和科技创新紧密结合。要求地方政府要支持集聚区依托院校和科研机构建立区域研发人才和应用人才培养基地，形成梯队合作的创新团队。如浙江工业大学、浙江理工大学和杭州电子科技大学等工科类院校，主动对接省科技产业集聚区，建立技术创新与产学研合作平台，强化科技与经济、创新项目与现实生产力、创新成果与产业、企业互动，结合浙江产业结构与转型升级方向、浙江企业文化氛围浓厚等特点，以应用型学科（管理类、工程类、技术类等）、战略性新兴学科（高端智能制造类、生物学类）、特色学科（信息经济、新信息技术等）等精准发力，打通基础研究、应用开发、成果转化与产业化链条，促进产学研教用共融。

---

① 资料来源于《2017 年浙江省国民经济和社会发展统计公报》。
② 许书烟．地方本科高校向应用型转变的若干思考［J］. 高教探索，2017（S1）：5–6.

浙江工业大学立足浙江、服务地方，主动对接区域发展需求，加快推动学校科研成果转化和产业化，据此，共建设浙江省长三角生物医药产业技术研究园、义乌科学技术研究院等地方实体研究院12家，省内各地共建技术转移中心38个，校企联合研发中心130多家，为4000余家企事业单位提供科技创新技术服务，实现高校科技成果与企业对接及转化的效率化和效益化。通过与上市公司、行业龙头企业等进行技术转让、技术服务、技术开发、技术推广、协同创新等多种方式的深度合作探索具有鲜明特色的校企合作新路径。坚持面向全国，接轨国际，通过政产学研用协同机制汇聚各方创新资源和要素，充分发挥省重中之重一级学科、省重中之重学科的平台、资源、人才、政策扶持等方面的优势，担负起引领科技创新、满足国家急需、争创世界一流的重任。在绿色制药领域，浙江工业大学依托长三角绿色制药协同创新中心，利用浙江大学、上海医药工业研究院、药物制剂国家工程研究中心、浙江省医学科学院、浙江省食品药品检验研究院等联合共建单位积极探索制药产业协同创新体制和机制建设，突破制药领域共性关键技术、培养拔尖性人才，推动制药科研成果转化、推广和应用。在化学原料药领域，以国家级科技平台，国家化学原料药合成工程技术研究中心为基础，先后研发成功了绿色化学制药技术、过程强化制药技术、生物催化合成技术等一批具有自主知识产权的化学原料药重大关键共性技术，利用国家浙东南化学原料出口基地实现技术成果市场化，积极与华东医药、华海医药、海翔药业、永太科技等100余家制药企业建立校企合作关系，并在合作企业中建立阿卡波糖、阿托伐他汀钙片、维生素 D3 等 11 个单位品种原料药生产示范地，推动我国化学原料药产业的转型升级，引领企业科技创新。

浙江理工大学主动走出"象牙塔"，将高校优势学科与地方优势特色产业紧密结合，寻找与企业或产业发展共生点，切实落实产学研协作。浙江理工大学现代纺织装备重点实验室与新昌鹤群机械有限公司结成全面合作伙伴关系，派驻教授、年轻教师和研究生深入企业，研发新产品、创新观念、培训人员为企业发展提供技术储备；成立校企联合研发中心和浙江理工大学新昌技术创新研究院，为新昌纺织行业发展出谋划策，提供智力支持。浙江海洋大学通过省重中之重学科"海洋科学"掌握重要渔业资源变化规律、突破增殖放流与生境修复关键技术、创新渔业资源管理策略，建立两个水产种质资源保护区、18 个增殖放流区、12 个人工鱼礁区、4 个人工藻场区，放流 30 种、37.4 亿尾鱼苗，相较伏季休渔前 5 年平均值，

2010—2012 年累计新增产量 765.98 万吨、新增产值 459.59 亿元，促进了重要渔业资源的可持续利用。

　　杭州电子科技大学针对国内拉削装备加工效率、精度和表面质量等关键性指标与国际水平存在较大差距，以及智能制造技术未来广阔的市场需求空间，在国家中小企业创新基金、浙江省重大科技专项等项目支持下，致力于国内大型高精度数控拉削装备关键技术和产业化发展，通过产学研合作方式，就拉削方式与机床结构、挤光拉削集成工艺与设备、工作台及刀座安装结构设计与工艺适应性、数控拉削装备 CPS 多领域统一建模与优化设计、拉床专用数控系统软硬件等关键技术进行深入研究，科研项目部分技术成果在浙江锯力煌锯床股份有限公司、浙江晨龙锯床股份有限公司等推广应用，实现销售收入 67520 万元，技术发明专利 4 项，密切高校学科与市场需求的契合度，提升高校科技创新服务能力；同时杭州电子科技大学坚持扎根浙江、服务浙江的宗旨，积极开展高校—地方合作平台，建立杭州电子科技大学安吉智能制造技术研究院、杭州电子科技大学衢州自动化创新研究院等 3 家研究院，安吉县技术转移中心等 16 个技术转移中心，舟山市普陀技术转移工作站等 2 个工作站，着重智能制造人才的培养，实现技术转移辐射浙江省，推进地方经济社会发展。

　　宁波大学主动对接服务"一带一路"建设，协助浙江省设立宁波"一带一路"建设综合实验区、建成"一带一路"倡议枢纽城市，将宁波舟山港打造成"一带一路"港航物流中心，依托宁波大学省重中之重学科优势资源和科研平台开展国别和区域研究，邀请"一带一路"沿线国家学者、官员展开学术、文化交流，开展留学生合作项目，组织"丝绸精神"宣讲团，讲好中国故事，以民间的学术、人文交流加深"一带一路"沿线国家人民对中国的认识，推进官方和非官方的合作。浙江外国语学院充分利用自身学科专业优势和特色，以浙江推进国际化和"四个强省"建设为发展契机，建设"浙江文化走出去、先进文化引进来"协同创新中心，重点向世界各国或地区翻译、传播、推广具有浙江特色、体现浙江精神、蕴含浙江智慧的优秀文化；依托本校语言和小语种优势，结合浙江省电商产业优势，建立电商跨境服务或跨境电商学院，注重特殊语种人才培养与管理以服务于浙江"一带一路"倡议和中国（浙江）自由贸易实验区建设。

　　浙江师范大学利用学校现有省级重中之重学科、人文社科重点研究基地、重点学科和省部级重点实验室，联合校外行业企业和相关科研院所，组建三个创新平台，即科技应用服务创新平台、服务国家战略创新平台和校企合作的产学研协同创新平台。重点发展三大生产领域的科技创新：①绿色化工与生态环境领域。与衢化集团合作开展新一代氟利昂替代品与新型催化剂研发、加氢催化剂制备与清洁化生产技术研发；开展浙中地区生态规划、大气、水、土壤污染治理等工作。②光机电一体化技术领域。联合中科院大连物化所建立高等研究院，开展立体显示技术、光电传感器及信息处理、光谱检测技术等的研究与开发和激光设备制造产业相关技术的开发与应用。③农业生物技术领域。与浙江省农科院联合，在农业特产研发和特种果树培育、筛选与推广等领域，积极为浙中西南的现代农业生产服务。

二、浙江省地方高校服务地方创新发展的战略选择

2013 年 5 月，中共浙江省第十三届委员会第三次全体会议作出全面实施创新驱动发展战略、加快建设创新型省份的重大战略抉择。出台了《中共浙江省委关于全面实施创新驱动发展战略　加快建设创新型省份的决定》，浙江省委教育工委、教育厅相应出台《促进高校服务创新驱动发展战略的若干意见》。要求高校结合国家特别是浙江省创新驱动发展战略，以科学发展观为指导，以国家和区域经济社会发展的重大需求为导向，以创建特色鲜明、国内知名的教学研究型大学为目标，继续推进四大核心战略、实施四大重点工程的基础上，以深化"特色化、国际化、区域化、协同化"战略举措为着力点，探索有利于学术自主创新的管理体制和运行机制，整合资源，突出重点，注重交叉，体现特色，增强学校核心竞争力，增强学校为区域经济社会发展服务的综合实力。

（一）以优势特色和应用型学科为突破点，服务于浙江优势特色和新兴产业

1. 依托浙江省产业特色，以优势或特色学科精准发力

知识经济时代，以互联网为代表的新一轮科技和产业革命迅猛发展，目前全球 22% 的 GDP 与涵盖技能和资本的数字经济紧密相关，数字经济正成为国家或地区重塑全球竞争力的共同选择。① 2017 年 12 月浙江省委

---

① 搜狐网. 中国互联网发展报告 2017 ［EB/OL］. http://www.sohu.com/a/211077461_800248.

经济工作会议提出把数字经济作为"一号工程",深化数字浙江建设,打造"云上浙江"以驱动信息经济产业发展。据《2017 浙江省互联网发展报告》数据显示,截至 2017 年年底,浙江网民 4000 万人,互联网普及率70.8%,高出全国平均水平 15%,各市互联网也均高于全国平均水平;与全国相比,浙江网民学历和收入水平、互联网基础资源发展水平均相对较高,全省接入商接入网站数 194.8 万个,居全国第一;2017 年浙江省以数字经济为核心的"三新经济"增加值达 1.25 万亿元,占省 GDP 的 24.1%,对浙江省经济增长的贡献率高达 37.1%[1][2];数字经济、"互联网+"产业作为浙江特色产业是弘扬浙江文化、彰显浙江特色、践行浙江精神的体现。同时浙江所拥有的良好信息经济产业基础、服务体系和发展生态,为浙江省地方高校依托自身产业特色,培育、发展优势特色学科提供选择和支撑。

浙江省地方高校一方面要客观地认识自己与央属高校间的发展差距,另一方面要从自身的特色、优势和使命出发探索新的发展方向。由于央属高校和地方高校分工、使命不同,央属高校着眼点从国家利益出发,着重解决国家全局性重大课题,学科定位偏向基础性学科;而地方高校立足点是全面提升地方经济社会发展,解决区域性难题,更多以应用型学科为主。浙江省地方高校可根据浙江省经济建设、产业特色和优势,结合自身实情以偏应用研究、技术开发为主,向应用型高校转型以便更好地满足浙江省产业转型升级的需求。应用型技术大学是我国社会主义现代化建设中产业转型升级和产业技术进步的产物,其基于实体经济发展需求,服务国家技术创新积累,直接融入区域产业发展。[3] 一方面,浙江省地方高校要立足浙江社会需求,促进小微企业上云,使浙江信息经济产业和云上产业发展相联系,凝练学科发展方向,不断优化学科结构,在产学研合作中提升学科发展实力,孕育特色学科,强化学科特色,以特色学科为突破点,通过"以点带面、以特制胜"的发展战略促进浙江产业数字化转型;另一方面,浙江是资源小省,在资源有限的情况下,浙江省地方高校应避免"大而全、多而广"的学科发展模式,"知己所长",基于浙江优势产业,

① 新蓝网浙江网络广播电视台 . 2017 年浙江省互联网发展报告 [EB/OL]. http: //n. cztv. com/news/12912632. html.
② 浙江工人日报网 . 我省网民近 4000 万人 网民规模和互联网普及年均高于全国平均水平 [EB/OL]. http: //www. zjgrrb. com/zjzgol/system/2018/05/23/030906925. shtml.
③ 应用技术大学 (学院) 联盟 . 地方高校转型发展研究中心地方本科院校转型发展实践和政策研究报告 [R]. 2013: 11.

如电子商务或互联网金融等，集中力量培育优势学科，走出"象牙塔"主动寻找与区域产业、企业共生发展点，使优势学科"落地生根"，服务浙江经济社会发展，通过产学研用协作提升高校师资队伍水平、培养社会所需人才、拓宽高校收入渠道、树立良好学科声誉等来保障优势学科的持续性，形成"人无我有，人有我优，人优我特"的学科格局。

2. 契合浙江省产业转型升级，以应用型及战略性新兴学科精准定位

浙江已步入经济新常态结构优化转型的关键期，2017 年浙江三大产业结构为 3.9∶43.4∶52.7，第三产业对 GDP 的贡献率达 57%；在推进"互联网＋"的产业革命中，浙江以创新为驱动的"三新"经济增加值占 GDP 的 24.1%，规模以上服务业企业营业收入增长 25.5%，利润增长 21.4%；在八大产业中，信息经济产业、文化产业、节能环保、健康、高端制造等增加值分别增长 14.1%、5.7%、11.4%、13.3% 和 8.1%；在规模以上制造业中，高技术、高新技术、装备制造、战略性新兴产业增加值分别占规模以上工业的 12.2%、42.3%、39.1%、26.5%，支撑浙江规模以上工业和实体经济持续发展，推动浙江传统产业转型升级，形成以先进制造业和现代服务业为双轮驱动的现代产业结构。浙江省经济发展模式的转型要求省属高校由追求学科规模数量的外延式发展向优化学科结构质量的内涵式发展转变，要承担起促进区域发展、服务浙江的责任与义务。而地方高校以应用型及新兴交叉学科为主体来精准定位，依托的是"产教融合、校企合作"，精准对接地方与产业需求。①"浙江制造 2025"与人工智能等新兴技术成为全球创新高地等背景为浙江省高校培育一流的应用型学科与新兴交叉学科提供难得机遇。

教育与经济的相互影响要求地方高校加强与市场需求的契合度，根据其自身特点，主动与相关产业对接。②浙江省地方高校要紧跟浙江省智能制造业和现代服务业的现代产业结构步伐与产业结构转型升级规划，走出来而非封闭办学，主动为浙江省政府产业发展思路和决策服务，以应用型和新兴交叉学科为发展重点和突破点，如工学、医学、商学、法学或工程类、管理类、设计类、技术方面等，侧重于直接指导当地生产服务，解决地方经济和社会发展难题③。虽然学科建设是高校科技创新的载体和依托，

---

① 黄达人. 部分地方本科高校向应用型转变的思考 [N]. 中国青年报，2015 – 12 – 14：(11).
② 许书烟. 地方本科高校向应用型转变的若干思考 [J]. 高教探索，2017（S1）：5 – 6.
③ 柳国梁，余斌. 服务型区域教育体系的地方高校转型研究 [M]. 北京：高等教育出版社，2014.

学科建设水平在一定程度上决定地方高校服务区域经济建设的能力，但学科建设能否在区域经济转型中发挥作用更多取决于学科建设的供给与经济发展需求间的契合度和匹配度。[①] 因此，浙江省高校学科建设须"不落窠臼"、主动出击，根据浙江省的区域环境、产业转型、市场需求等精准定位，以应用型学科为重点，5年为节点，科学分析、评估浙江发展需求变化与产业结构的转型升级，明确应用型学科当前建设的着力点与产业结构、社会需求转变后学科发展方向，如2017年浙江省第三产业增加值占GDP的比重为52.7%，正成为浙江经济支柱产业，加大对技术型、专业型、应用型等服务型人才的需求。同时浙江省地方高校重视面向科技和产业前沿，积极调整学科和专业结构，为浙江信息经济产业、物联网和海洋新兴产业等培养多类型高素质人才，要注重在战略性新兴产业、新兴交叉领域互动合作，以及学科交叉中衍生出新兴学科生长点，培育浙江新兴交叉型"高峰""高原"学科以适应不断变化的新技术产业要求。

（二）政府顶层设计，引导浙江省地方高校以服务导向定位学科发展

1. 政府通过政策引导浙江省属高校以服务地方经济社会发展为建设目标

浙江省地方高校由浙江举办、浙江财政给养、浙江管理等特性决定其学科生存与发展要扎根浙江、服务浙江，满足浙江需求，推动产业创新转型，解决区域实际问题等。省政府要政策引领高校建设与浙江经济社会发展需求相吻合的"立地"学科。学科专业与经济社会发展需求的吻合度是衡量高校学科现代化的重要标志。[②] 浙江省政府需明确地方高校学科发展的优劣与根基所在，以政策为导向，扶持建设紧贴实际、服务地方、与生产生活紧密相连，能帮助政府、企业、社会、居民解决实际问题、提供实际服务的"立地"学科[③]。而"双一流"建设中一流学科评选是以一级学科的综合实力为主体，而目前各省基本遵循国家—省—高校这种单一梯度式的学科遴选标准来确定地方高校重点学科建设目标，浙江省如何突破这

---

① 吴文清，高策，等. 地方高校学科建设与区域经济转型适配性研究 [J]. 清华大学教育研究，2013（1）：104 - 109.

② 人民网. 回归育人初心 中国高校方可纵横一流 [EB/OL]. http://edu. people. com. cn/n1/2017/0710/c1053 - 29394353. html.

③ 谭光兴，王祖霖. 处境与策略："双一流"战略背景下地方高校的学科建设 [J]. 国家教育行政学院学报，2017（8）：53 - 58.

种按国家评选标精准定位学科发展？省政府在政策上需引导浙江省地方高校主动"突围"，以差异化与错位化策略构建学科发展目标和"立地"的学科定位。浙江省政府要发挥政策导向功能，正确引领省属高校学科建设发展与浙江经济社会发展、产业转型需求相契合，遴选扶持学科依据应区别于"双一流"建设标准，突出浙江省地方高校学科重应用性和服务性而非基础学科重学术及 ESI 排名等，引导省属高校树立学科建设与浙江经济社会共生的发展理念。如通过浙江省高水平建设人才强省行动计划、省重点高校建设计划、浙江省高校重点学科建设方案等引领浙江省高校学科规划建设与浙江优势产业（信息经济产业）、特色产业（"互联网＋"产业）、战略新兴产业（物联网、生物产业）等相对接，促进学科与产业互动，解决浙江社会发展的关键问题，提升社会服务力。

2. 政府指导浙江省高校建立政用产学研协同机制，发挥学科平台辐射效应

克拉克·克尔认为自由竞争比集中计划要取得更好的效果，但需在规则和引导下进行，美国高等教育系统分化是自然演化的结果，较好地适应了社会变化需求与教育系统自身的发展特点。[①] 浙江经济发展方式转变、产业转型升级、社会市场需求等要求越来越多的浙江省地方高校向应用型大学转型，如何引导省属高校坚持"立足浙江、回馈浙江"的学科定位发展原则，建立政用产学研协同机制保障浙江省地方高校学科发展与浙江经济社会持续共生。要求浙江省政府顶层设计，为省属高校与浙江产业、企业协同合作牵线搭桥，建设资金重点扶持省属高校依托优势学科、特色学科、应用学科来建立服务于浙江经济社会发展的非官方智库，进而开展与浙江产业、企业、行业密切结合的科学研究和问题调研活动，推进政产学研结合；省政府政策协调高校间跨校际、跨学科研学协作发展，打破当前大学城地理布局相近的状况，消除高校间、学科间的壁垒，鼓励浙江省地方高校结合区域优势，根据自身学科特点，进行跨校、跨院校（科研院所和高校）、跨学科协作，集聚学科优势和区域资源。浙江省通过政用产学研协同机制，建设了 153 个特色产业基地，10 个国家级示范生产力促进中心，108 个省级科技企业孵化器，86 个省重大科技创新平台，627 个省级企业研究院，14 个国家级工程技术研究中心，13 个国家重点实验室，16 个省

① 　Clark，Burtun. The Higher Education System：Academic Organization in Cross – National Perspective. Berkeley：University of California Press，1983.

部共建国家重点实验室，286 个省部级重点实验室和 78 个省工程技术中心，① 通过构建一流学科平台，以一流学科平台辐射效应带动浙江省地方高校学科建设与发展；社会声誉是评判学科发展的重要标尺，也是社会需求和认可度的直接反应，通过法规、制度与配套设施促进浙江企业积极参与用产学研合作，赋予浙江省地方高校办学自主权，引导其做好企业、市场急需人才的专业设置与规划，以政用产学研协同机制夯实学科实力，优先推动几个优势"立地"学科平台建设并反哺高校学科发展，实现"点、线、面"突破。

（三）浙江省地方高校积极创新举措，积蓄学科后续发展动力

国家或省"双一流"建设方案虽为地方高校应用型、特色型学科定位提供路径选择，但高校及其学科发展的关键是人才，基础是学科，发力点是经费，地方高校却普遍面临经费捉襟见肘的局面。浙江省地方高校若要破解人才与经费对高校及其应用学科、特色学科等的制约，需在坚定不移地贯彻服务浙江的理念下另辟蹊径，创新高校人才培育体制，提高经费筹措能力，形成经费、学科、人才的良性循环。

一方面，对浙江省地方高校学科发展来说，高水平的学科带头人能带起一个学科团队，搭建学科平台，进而集聚更多人才，能较快提高该学科水平，高水平人才争夺将渐趋"白热化"，浙江省地方高校在"待遇留人、事业留人"优势不显下应主打"情感留人、环境育人"牌。对不同层次需求的教师予以差异化的人文关怀，或待遇或子女入学或配偶安置或住房或医疗或科研平台等；而对高端人才或"青年英才"应着重其尊重和自我实现需求的满足，如发展机会、学术自由、科研资金、制度保障等。但应用型学科队伍有别于学术型学科队伍，不仅要求学术队伍具有扎实的学科理论基础，而且要求具有较强的学科应用能力②。为此，浙江省开始启动 2011 年度浙江省启动的 151 人才工程培养选拔工作，根据《浙江省151 人才工程实施意见（2011—2020）》，提出要结合新时代本土人才培养的目标。在 2018 年的选拔重点方面，提出要围绕浙江省创新发展的重点进行实施。一是围绕推进数字经济"一号工"程建设要求；二是围绕八大

① 资料来源：浙江省科学技术厅. 创新载体［EB/OL］. http://www.zjkjt.gov.cn/html/node06/list3_1.jsp? lmbh = 0620&lmms = 0620&xh = 47835&curM = f21.
② 孔繁敏，等. 建设应用型大学之路［M］. 北京：北京大学出版社，2006.

万亿产业、"中国制造2025"浙江行动纲要和传统制造业改造提升；三是围绕一流建设高校、重点建设高校和一流学科建设高校；四是围绕新型创新平台来培养高端人才、领军人才和高层次人才。浙江省地方高校要将优势学科、应用学科、特色学科的项目、资源、平台等贯穿到以人为本的人才培育过程中，充分发挥优势学科、应用学科等的溢出效应，促进青年教师成长；聘任浙江名企、行业中高水平技能型和应用型人才或名家到高校兼职或任职，丰富学科师资队伍结构，密切相关学科与市场的联系；或浙江省地方高校主动"走出去"，以合作、培训、调研等方式派遣应用型、特色型、新兴交叉型等学科教师深入企业、产业，增强其教学实践和知识应用能力，着重"双师双能"型师资培养。

另一方面，通过提升服务浙江经济社会发展来提高浙江省高校学科经费筹措能力。由于地方高校经费高度依赖政府财政拨款与学费，在地方财政拨款不能显著增加，以及地方高校运营成本不断提高的情况下，经费将直接制约地方高校及其学科发展。而政府投资的最主要依据是投资能否促进地方经济社会的快速发展，地方高校只有积极投入到区域经济社会发展中才能争取地方政府更多更大的支持。[①] 2011年浙江省28所本科高校横向科研经费为16.53亿元，其中浙江大学横向经费高达9.59亿元，占比达58.02%，约占浙江省高校横向科研经费的六成，余下的27所高校横向科研经费仅为6.94亿元，平均每所高校为0.26亿元。在《2017年高等学校科技资料统计汇编》中浙江省地方高校R&D成果应用及科技服务经费约为3.04亿元，占浙江省高校R&D成果应用及科技服务经费总额的41.36%，未达到一半；而2017年浙江省高校专利出售和技术转让收入2.61亿元，其中浙江省地方高校为0.66亿元，仅占浙江省高校专利出售和技术转让收入的25.29%。从上述横向课题经费、科技服务经费以及专利出售和技术转让收入可看出浙江省地方高校服务区域发展能力还不强，与浙江经济转型、产业升级、社会需求契合度不够紧密，造成浙江省地方高校办学经费来源渠道单一，对财政拨款经费依存度较高。因此，浙江省地方高校要抓住省产业结构特色与产业转型升级的契机，密切与市场联系，通过政用产学研协同创新形成社会服务合力，强化浙江省地方高校对区域的辐射力，推进"产学研教用"共融，提高科研成果转化和技术转让市场化，吸引社会融资；浙江省地方高校的特色学科、优势学科、应用型

① 程肇基. 地方高校与区域经济共生发展的理论探索 [J]. 教师教育研究, 2013 (5): 6-10.

学科、战略性新兴学科主动寻求与学科相关企业、行业、产业进行合作，充分利用省高校科研优势、学科平台来服务浙江，并从行业、企业难题诊断中获取研究课题，吸纳企业或产业资金赞助，所研究的成果如论文专著、专利、新产品、新工艺或相关服务与技术等由省属高校与行业企业共同协商归属，增进浙江省地方高校与浙江产业、企业互动的同时拓宽办学经费来源渠道。

第二章

浙江省科技政策促进高校
科技成果转化的政策分析

第一节　浙江省促进高校科技成果
转化的科技政策概述

一、科技政策与科技成果转化的概念界定

(一)科技政策概念

曾任美国总统科学顾问的唐纳德·F. 霍尼格(Donald Horing)指出,科技与政府两者的关系可以划分为五个阶段。其中,第一阶段政府忽视科技职能,与科技之间的关系相互割裂,到了第五阶段,即第二次世界大战之后,科学技术得到了迅猛发展,世界各国都意识到了科技在本国国际地位中的重要作用,科技政策的制定成为各国科技实力竞争的重要环节。①科技政策(Science and Technology Policy, STP)这一名词是在1963年日内瓦召开的联合国"关于后进地区的科学技术应用会议,又称联合国科学技术应用会议(United Nations Conference on the Appliattion of Science and Technology, UNCAST)"上正式提出的,并逐渐成为一个专业术语,被主

---

① Harvey Brooks and Chester L. Cooper (ed.), Science for Public Policy [M]. NewYork: Pergamon Press, 1987.

要发达国家所采用。

　　不同的研究机构及学者从不同的角度出发，对科技政策的概念进行了不同的界定。UNCAST 将科技政策界定为在一定的历史时期之中，在科学技术领域采取某些行为准则、指导方针，并据此制定相关的法律、法规、战略、规划、条例等，从而服务于政治、经济、社会等领域的发展目标；联合国教科文组织（United Nations Educational，Scientific and Cultural Organization，UNESCO）把科技政策定义为一个国家或者地区为了提高其科技发展水平及潜力，从而达到综合开发，以及提高国际地位的目标，而建立的相关组织、制度和执行方向的总和。

　　国内一些学者也对科技政策的概念进行了界定，研究代表人物及其概念界定如表 2 - 1 所示。

表 2 - 1　　　　　　　　　　　科技政策概念的主要论述

科技政策研究代表人物	科技政策概念界定
兰德[1]	科技政策是一个国家或政党，在一定历史时期内所确定的，为促进区域科技发展的战略、策略。范围既包括全国性的科技政策、地区，以及部门的科技政策，还有一些以法令的形式出现
林慧岳[2]	科技政策是国家为了对科技活动的投入、运行、产出及转化的各个环节进行管理与调节，而建立的关于知识生产的科技方针及为实现该方针的体系
唐新文[3]	科技政策是一个国家或地区，为实现一定历史时期的经济、社会发展目标和任务，在科学技术领域内采取行动和规定的行动准则。它既是国家总政策的重要组成部分，又是确定科技发展方向、指导整个科技事业发展的战略和策略原则。它既包括全局性的科技发展战略，也包括局部的策略，如各部门、各地区根据自己的情况确定的实施方针和策略
罗伟[4]	科技政策是国家机关、政党，以及其他特定的社会团体在特定时期为实现一定的科技、社会和经济目标而采取的相关促进科技发展的政治行为或者规定的行为准则
赵筱媛，苏竣[5]	公共科技政策是一个综合体系，是政府为了弥补市场失灵，促进公共部门和私人部门的技术创新而制定的一系列干预、规制和引导科学研究、公共技术开发，以及促进科学技术成果产业化的政策的总称

注：①兰德. 论科技政策研究的概念和范畴 [J]. 科研管理，1982（2）：16 - 21.
②林慧岳. 论科技政策的体系结构和决策模式 [J]. 自然辩证法研究，1999（10）：24 - 28.
③唐新文. 科技政策的控制失效与评估 [J]. 云南科技管理，2002（3）：6 - 9.
④罗伟. 科技政策研究初探 [M]. 北京：知识产权出版，2007.
⑤赵筱媛，苏竣. 基于政策工具的公共科技政策分析框架研究 [J]. 科学学研究，2007（1）：52 - 56.

不同学者虽然通过不同的视角，对科技政策进行不同的解读，但大致上还是比较相近，本书将科技政策概念界定如下：科技政策是一国或者地区，为发挥科学技术在社会与经济中的重要作用，而制定的一系列战略、规划、法规、措施、条例等，这些政策作用于科技投入、产出、转化的各个环节，推动科技成果转化，为促进经济转型发展，提高国家及区域科技及整体竞争力注入动力。就具体情境而言，指浙江省为促进高校科技成果转化而颁布的相关科技政策，政策绩效为其在促进高校科技成果转化过程中所取得的成效。

（二）科技成果转化概念

科技成果转化的概念有广义和狭义的区分。广义的科技成果转化包含了科技成果从知识形态转变为现实生产力的各个环节，如在基础研究之中，新的知识或理论获得贡献与传播即可视为转化，在应用研究之中新技术、新产品、新装置得到应用也可视为转化，软科学的相关研究成果为科学决策提供支撑也可以视为成果转化。[①] 而狭义的科技成果转化仅仅是指将知识形态的科技成果，应用到生产领域，转化为现实生产力，并取得一定的经济效益。

在改革开放之前，我国国内的科技成果，通过计划与调配的形式得以转化，与计划经济紧密地联系在一起，具有鲜明的时代特色。计划经济体制背景之下排斥市场行为，高校、科研机构与产业之间必要的良性互动被政府行为所替代，从而导致高校及产业过分依赖于政府的计划与调配行为。这些计划与调配行为主要通过行政手段实现，作为一种直接、微观的计划方式，直接排斥了市场在成果转化中的作用，科技成果和经济发展实质是一种直接供给的关系。

改革开放之后，"科学技术是第一生产力"这一论断，进一步揭示了在新技术革命及知识经济背景下，科学技术在经济发展中举足轻重。市场配置在科技成果转化过程中的作用也日益凸显，高校、科研机构及产业的联系日益紧密。作为一种知识商品，科技成果可以和其他商品一样交换和买卖。随着科教兴国、创新驱动发展等战略的相继实施，科技成果在经济转型中的作用日益凸显，认识到这一物化的知识成果不只是一种商品，更

---

① 贺德方. 对科技成果及科技成果转化若干基本概念的辨析与思考 [J]. 中国软科学, 2011 (11): 1-7.

是促进经济转型升级，提高国家综合竞争实力，突破中等收入陷阱的关键所在。

1996 年第八届全国人民代表大会常务委员会第十九次会议通过的《中华人民共和国促进科技成果转化法》，对科技成果转化的概念作了明确的定义：是指为提高生产力水平而对科学研究与技术开发所产生的具有实用价值的科技成果所进行的后续试验、开发、应用、推广直至形成新产品、新工艺、新材料，发展新产业等活动。2015 年最新修订的《中华人民共和国促进科技成果转化法》把形成的"新技术"也纳入其中。

这里采用 2015 年修订的《中华人民共和国促进科技成果转化法》关于科技成果转化的定义：是指为提高生产力水平而对科技成果所进行的后续试验、开发、应用、推广直至形成新技术、新工艺、新材料、新产品，发展新产业等活动[1]。

二、科技政策促进高校科技成果转化的意义

（一）高校科技成果转化是促进高校自身发展的有效途径

一方面，高校具有人才培养、科学研究和服务地方的基本职能。随着创新驱动发展战略的确立，以及知识经济时代的到来，高校的职能也已不仅仅局限于知识的传播与生产，知识的物化在服务社会创新发展中扮演着最为直接的方式。[2] 更加凸显出高校在促进科技成果转化中的作用，转化过程也能使教师深入产业、企业，契合地方经济发展实际需求，其教学与研究更加贴近实际；伴随校企合作研究基地的建立，突出地方高校服务于地方经济社会发展，培养应用型人才，以科技成果转化助推地方经济转型升级。

另一方面，科技成果的转化是高校获得自身发展所需资金的重要途径。目前，地方高校的科研经费多在成果转化前止步。据统计，2017 年我国国际科学论文被引用量及本国人发明专利申请量和授权量已居世界第一

---

① 中华人民共和国促进科技成果转化法 ［N］. 人民日报，2015 – 12 – 25 （21）.
② 许英才，朱志嫒. 知识经济与高校职能的转变 ［J］. 中国高教研究，1999 （2）：73.

位①，科技成果产出丰硕，但科技成果转化率却始终偏低，对具有"时效性"的知识成果而言，止步转化，无疑是巨大浪费。而加快推进科技成果转化不仅是地方高校获取更多资源保障其可持续发展的重要方式，同时也是地方高校践行其社会服务职能的重要体现。因为选择重点支持项目时，地方政府必然考虑到地方的资源优势和特色产业、支柱产业。② 因此，地方高校科研想要生存与发展，必须在科学研究、人才培养等方面紧密结合地方创新发展所需，通过成果转化，获得更多的支持与投入。如浙江省2011 年启动的重点学科建设工程，34 个省重中之重学科在建设周期内，获批国家级科研项目 1642 个，经费 130559.5 万元，省部级科研计划项目3005 个，经费 41617.54 万元，横向科研项目 5860 项，共获横向科研经费108416.44 万元，③ 地方科研经费已成为浙江省地方高校优势学科科研经费的主要来源，如图 2 - 1 所示。

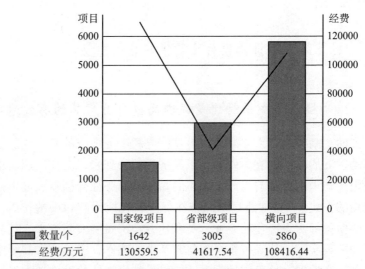

	国家级项目	省部级项目	横向项目
▮ 数量/个	1642	3005	5860
— 经费/万元	130559.5	41617.54	108416.44

图 2 - 1 "十二五"浙江省重中之重学科科研经费来源情况

此外，在现行国际及国内的多个高等教育评价指标体系之中，科技成果转化能力也是权重较大的一个指标，如《泰晤士高等教育》全球大学排

---

① http：//finance. ifeng. com/a/20180226/15997982_0. shtm.

② 周瑞超，张协奎，等. 关于高校科技成果转化问题的一些探讨 [J]. 研究与发展管理，2010（6）：133 – 138.

③ 资料来源于浙江省"十二"省重中之重学科建设情况工作总结报告。

名特别添加了院校研究的商业转化能力这项标准，占总体比重的 2.5%。①
2016 年颁布的《教育部、科技部关于加强高等学校科技成果转移转化工作的若干意见》中，明确指出高校科技成果转移转化绩效，纳入世界一流大学和一流学科建设考核评价体系。

（二）高校科技成果转化是推动地方创新发展的必然要求

改革开放政策下，浙江省依靠内源经济与民营企业，克服了资源匮乏的"瓶颈"，逐渐成为全国的经济强省。但近年来，国际市场需求进一步萎缩，使得产业结构不平衡、核心及关键技术缺失和劳动力素质偏低等问题进一步凸显，浙江的民营经济面临着严峻挑战。② 此外，浙江地处东部沿海地区，经济社会的迅速发展使得劳务成本进一步提高，低附加值的劳动密集型产业生产成本也水涨船高，传统制造企业用工面临高成本与用工荒等多重困境。现阶段，浙江省传统制造行业要素及投资驱动都步履艰难，迫切需要向创新发展转变。③ 如何促进浙江省高校深化改革，更好地服务于地方经济发展方式转变和现代化建设，推进地方供给侧改革，已经是浙江省高等教育改革和发展的战略选择。

高等院校作为集科研创新人才和科技创新成果转化平台，是科技成果产出的重要阵地。全球范围内，《自然》《科学》发表的文章中有 2/3 来自高等学校，大学科研人员所获得的诺贝尔科学奖占比更是达到了 3/4。④ 研究型大学的各项科研成果，通过转化，对人类的生活及生产活动产生了巨大的影响。自 1980 年美国颁布了著名的《拜杜法案》（BAYH - DOLE）后，美国高校的科研创新得到了质的提升，成为美国知识产权产出的主要源头和知识产权成果创造与转化的重要主体，对美国经济和科技发展影响深远，美国高校专利授权从 1970 年的 264 件突增至 2003 年的 3450 件，在 1991 年至 2000 年十年间里，高校专利授权申请量提高 238%，高校与企业间的专利许可协议提高了 161%，高校由此获得的专利许可使用费增加 520%。⑤ 美国基于大学科技成果转化产生的年度 GDP 超过 500 亿美元，

① 张燕华，喻宝华. 论大学排名体系的公信度问题 [J]. 国家教育行政学院学报，2013（2）：48 - 53.
② 裴长洪. 中国梦和浙江实践 [M]. 北京：社会科学文献出版社，2015.
③ 李伟庆. 加快创新驱动浙江传统制造业转型升级的对策思考 [J]. 商场现代化，2015（2）：165 - 166.
④ 邓晖. "全面创新"的发令枪 [N]. 光明日报，2015 - 07 - 27 (6).
⑤ 上官腾飞，杨应楠. "拜杜法则"对高校知识产权转化的启示 [J]. 中国高校科技，2017（6）：46 - 48.

每年缔造就业岗位 30 万个，税收收入逾 60 亿美元。① 浙江省高校如何利用自身的学科优势、人才优势和科研优势，以人才和科研为依托，走一条"地方性、应用型、合作式、一体化"的高等教育发展道路，以提升其服务浙江经济转型与发展综合能力是浙江省地方高校发挥自身职能的过程中首要面对的问题。

（三）科技政策是影响高校科技成果转化的主要外生变量

政产学研协同创新体系需要各方通力合作，使科技成果服务于经济的转型升级，政府在此合作框架之下需要为校企、校地合作营造良好环境，运用政策手段影响成果产出、转化与转让。如美国政府制定的《拜杜法案》（1980）协调了政府、企业及科研机构三者之间的关系，使得联邦政府资助的科研成果专利权有机会能够被企业等私人部门所获得，极大地提高了私人部门进行科学研究及成果转化的积极性；② 日本政府颁布的《关于促进大学等的研究成果向民间企业转让的法律》（1998）使大学等国家相关科学研究机构的研究成果能够顺利并且有效地向企业转移，以此来促进新兴产业的发展与国民经济的平稳健康运行；③ 法国政府颁布的《技术创新和科研法》（1999）鼓励大学、公共研究机构与企业通过契约关系，建立合作伙伴，以此来加强高等学校及其他科研机构与企业的交流④。

在我国，政府与高等学校科技成果转化的互动，具有较为明显的时代烙印，其职能最早为集中控制型，向逐渐采用多种政策工具的干预性职能转变，政府在各阶段主要通过颁布各项政策来促进高校科技成果转化。目前已经逐步形成了以《中华人民共和国促进科技成果转化法》为主干，各种配套规定意见及地方相关政策法规为枝叶的促进科技成果转化的政策体系。"十一五"以来，浙江省形成以"八八战略""创业富

① National Science Foundation. National patterns of research and development resources: 2011 data update. Washington D. C.

② Mowery, D. C. , B. N. Sampat. *The Bayh – Dole Act of 1980 and University – Industry Technology Transfer: A Model for Other OECD Governments?* [J]. *Journal of Technology Transfer*, 2005 (1): 115 – 127.

③ S. Hayashi. *The current condition and prospect of information retrieval and information use in the fields of business-academia collaboration* [J]. *Journal of Information Processing and Management*, 2003, 46 (8). 499 – 508.

④ Kazu Uyki Motohashi. *University industry eollbaorations in Japan: The role of new technology based firms in transforming the National Innovation System* [J]. *Researeh Policy*, 2005, 34 (5): 583 – 594.

民、创新强省""创新驱动发展"总战略为指导，其他科技政策为主体的科技政策体系，通过"以线带点、以点带面"的策略促进浙江整体科技实力的提升。

概言之，促进浙江省高校科技成果转化是建设创新型科技强省，助推浙江省经济转型升级的必然要求，也是地方高校实现自身职能与发展的有效途径。作为影响科技成果转化和科技发展最为重要的外生变量，科技政策应该做到有所为、有所位。

第二节　浙江省科技政策变量的
测量与分析框架

浙江省是全国较早提出建设科技强省，创新型省等发展理念的省份之一，自"十一五"以来，浙江省在"八八战略""创业富民、创新强省""创新驱动发展"战略的指导下，为促进高校科技成果转化，提高其服务地方创新发展的能力，逐步形成并不断完善科技创新体系。如《浙江省促进科技成果转化条例》等在内的一系列科技政策，营造了政产学研合作的良好氛围，与此同时针对性地启动了浙江省重点学科建设、浙江省高校产学研联盟中心、浙江省网上技术市场等具有浙江特色的、政府主导的高校科技成果转化建设工程，从高校自身学科建设、人才培养到技术市场的建设，由内而外地作用于浙江省高校科技成果转化。这些科技政策主要由省人大及政府其他部门制定，以地方法规、地方政府规章及规范性文件的形式颁布，涵盖了科技发展规划、成果奖励办法、创新载体建设、人才队伍培养等诸多方面，综合运用了队伍与人事、资金投入、教育教学改革、金融支持、税收优惠、知识产权、收益分配等政策工具，从需求拉动、供给推动、环境保障三个工具层面推动浙江省高校科技成果转化的进程。

笔者采用内容分析法，对1996年以来浙江省颁布的促进高校科技成果转化科技政策进行全面梳理，并通过文本编码，将这些科技政策所运用的政策工具进行量化，建立了包含政策数量与力度、政策工具在内的浙江省促进高校科技成果转化科技政策库与数据库，进而明晰其历史发展进程，并对其绩效进行实证研究。

一、科技政策样本的选取及收集方法

（一）科技政策样本的选取

以浙江省 1996—2017 年 8 月所颁布的 377 项科技政策为研究样本主要基于以下两方面。

一方面，政策文本的收集，得益于互联网工具下，政府部门的政务公开及政策文件电子化。通过对政府相关部门网站的检索及法律数据库的检索，发现 1996 年之后的科技政策得到了较好的保留，且较为完整，而 1996 年之前的浙江省科技政策则基本缺失。

另一方面，1996—2017 年，完整涵盖了浙江省"九五"至"十二五"时期科技政策的发展历程，具有相对完整性。政策文本以 WORD 格式保存，以年份为单位进行归类，便于后期的数据挖掘与编码工作。政策样本主要来源于浙江省人民政府网及浙江省发展与改革委员会、省财政厅、省科技厅、省教育厅、省经信委、省知识产权局、省农业厅、省人力资源和社会保障厅等省级部门网站，中国法律法规信息系统、北大法宝等政策数据库网站等。

（二）科技政策的收集方法

浙江省虽较早认识到了高校科技成果转化的重要意义，且颁布了较多促进科技成果转化的政策，但截至目前，专门针对高校这一主体的科技成果转化政策还比较少，多散布于其他各项科技政策，如人才队伍建设、科技发展规划、新兴产业发展等政策之中。为了使收集的科技政策更具针对性，根据笔者的研究对象和研究目标，将所需要搜集的科技政策范围限定为：运用一种或者多种政策工具，从某一方面或者多方面促进高校科技成果转化，或鼓励校企合作的科技政策。政策收集有以下几个步骤。

（1）搜集浙江省教育厅自 1996 年来颁布的，旨在促进高校科技成果转化，以及产学研合作的科技政策，这些政策数量较少，但由于是教育厅制定颁布，具有较强的针对性，多从学科与平台建设、产学研合作、队伍与人事、教育与改革等多方面采取措施促进浙江省高校科技成果转化。

（2）搜集浙江省科技厅颁布的所有科技政策并进行全文细读，剔除未提及高校这一创新主体，且与高校科技成果转化密切度不高的政策。

（3）针对浙江省人大常委会、省人民政府及其他省级部门文件，采用关键词搜索的方法，运用了关键词"科技""技术""创新""知识产权""产业""专利""成果转化"等进行检索，下载后进行全面细读，同样剔除相关度不高的科技政策。

（4）对上述三个步骤所收集的科技政策进行细读，通过政策引用关系，如"贯彻落实""依据""废止""修正"等参照关系，找到某一政策对应的科技政策并下载，以保障科技政策库的完整性。

在所有相关政策收集结束之后，为了使得所搜集的科技政策契合本书的内容和目的，故向某市科技局的工作人员及高校科研管理人员进行了咨询，对政策文本做了最后的删减工作。需要指出的是，由于促进高校科技成果转化的专项科技政策较少，多散布于其他政策之中，在政策搜集过程中，难免会出现遗漏个别政策情况，但已搜集的所有政策大致涵盖了浙江省自1996年以来各个阶段与环节的促进高校科技成果转化政策，故个别政策的遗漏并不会对等整体的政策分析造成影响。

此外，在科技政策的搜集过程中，有两类政策需作特殊说明。

一类是项目、奖项申报与结果公示的政策。这些政策虽多为两两出现，但其所运用的政策工具，以及带来的政策支持均相同，如《浙江省教育厅办公室关于开展2014年度浙江省高校重大人文社科项目攻关计划项目申报工作的通知》和《浙江省教育厅办公室关于公布2014年度浙江省高校重大人文社科项目攻关计划项目的通知》两者虽属两条政策文本，但实质内容、目标和结果却是相同的，在选取过程中只保留发布时间较早的前者。

另一类是转发其他部门的科技政策，仅保留该项政策制定主体所颁布的政策。如浙江省教育厅颁布的《浙江省教育厅办公室关于做好2016年度省科学技术奖推荐工作的通知》，其实为转发了浙江省科学技术厅颁布的《浙江省科学技术厅关于开展2016年度省科学技术奖推荐工作的通知》，两者虽属两条政策文本，但实际上仍是同一政策，故仅保留后者。

二、科技政策的分析单元及类目

在政策文献计量过程中，需根据研究类目及研究内容确定文本分析单元，制定文本分析的类目。其中，分析单元是在判断分析过程中文本的最小单元，它可以是文章的段落，也可以是句子、字数等。在进行正式的科技政策文本分析之前，选择合适的内容分析单元尤为重要，因为分析单元的适切与否，将直接影响后续研究的层级、统计结果等。在本书中，将所收集的每一个政策文件的字、词、句、段落作为判定其所属类目的最小单元。

文本分析之中的类目，则指的是根据研究所需对文本进行分类的项目。类目制定的方法主要由两种：一种是根据传统理论或以往的经验，或者对某一问题已有的较成熟的研究成果发展而来；二是由研究者根据自身的研究假设与目的，在结合以往研究的基础之上而形成。本书在总结以往研究成果的基础之上，通过细读收集的科技政策样本，归纳设计出本书的政策文本分析类目，主要包括以下几个类目：政策基本信息（政策名称、颁布时间）、政策颁布主体（政策颁布部门、参与部门数量、政策力度）、政策工具（供给工具、需求工具、环境工具）。政策力度代表着政策的权重及发挥作用的效力，由于政策制定主体及政策类型的不同，政策力度也会存在着较大的差异，根据浙江省促进科技成果转化科技政策的制定主体及政策类型，将政策力度划分为五个层级，见表 2 - 2。

表 2 - 2　　　　　　　　　　浙江省科技政策力度测量标准

分值	政策
5	浙江省人民代表大会及其常委会颁布的条例
4	中共浙江省委、浙江省人民政府颁布的规划、规定、决定
3	中共浙江省委、浙江省人民政府颁布的暂行规定、意见、办法、计划、方案 浙江省各厅颁布的规定、决定、规划
2	浙江省各厅颁布的暂行规定、意见、办法
1	浙江省各厅颁布的暂行办法、暂行意见、通知

浙江省人民代表大会及其常委会能够根据其所在行政区域的实际需求出发，在不与宪法、法律与行政法规相抵触的前提下，制定本行政区域的地方性法规，其颁布制定的地方性法规相较于省政府及其他省级部门颁布

的规范性文件，具有更高的政策效力，故将其赋值为 5 分。如《浙江省科学技术进步条例》等分别从多方面多领域对于科技进步和科技成果转化进行了部署，所运用的政策工具也较为全面。

浙江省委、省政府颁布的规划、决定对本省某项事业的发展作出了全面的规划，从多个角度提出了促进科技成果转化的详尽的政策措施及保障办法，其颁布的规定则对某一问题进行了明确的规范，且相对具有长期性、规范性，具有较高的效力，故赋值为 4 分。其颁布的暂行规定是针对某一问题而颁布的暂时性的规范性文件，根据试行的结果，可能会经过完善成为正式法规，也可能被废止，效力低于正式条例及规定，故赋值为 3分；其颁布的"意见""办法"等与暂行规定一样，力度相对较小，故赋值为 3 分。

浙江省各厅颁布的规定、决定、规划具有较强的针对性，且较为全面，同样运用多种政策工具，但其政策制定主体效力低于省委、省政府，故赋值为 3，其暂行规定、意见、办法则赋值为 2；浙江省各厅所颁布的暂行办法、暂行意见、通知等，缺乏具体的指导与规定，缺乏强制的约束性，与规定、规划、决定相比，其内容权威性较弱，效力最低，故赋值为1 分。

在对政策力度进行赋值的过程中，有个别政策需特别说明，如《浙江省教育厅与浙江省财政厅关于印发〈浙江省高校人文社会科学重点研究基地建设及专项资金使用管理办法〉的通知》，虽然其政策名为通知，但是其内容却为《浙江省高校人文社会科学重点研究基地建设及专项资金使用管理办法》，且该办法并没有单独的颁布，故在对此类政策进行力度赋值时，应按照政策本身所含真实内容进行赋值，所以该政策力度不应是 1，而是属于"浙江省各厅颁布的办法"，应赋值为 4 分。

政策工具指政策在为实现政策目标或结果时而采用的手段与方法，在总结以往研究成果的基础之上，细读了所搜集的政策文本，归纳与总结了各项政策所运用的政策工具，重点参考了《浙江省促进科技成果转化条例》，在"穷尽"及"互斥"两个原则指导之下，最后归纳的政策工具见表 2 - 3。

据此，将科技政策文本分析的类目制定见表 2 - 4。

表 2-3　　　　　　浙江省促进高校科技成果转化政策工具说明

政策类型	政策工具	概念
供给类政策工具	队伍建设	支持高校科技成果转化人才培养，完善人才保障机制，为高校科技成果转化提供人力支持
	人事改革	鼓励高校科技工作者，到企业或其他机构兼职从事科技成果转化工作，或支持其离岗创业等人事管理改革政策，以促进高校科技成果转化工作
	资金支持	直接利用财政资金，为高校自身学科建设、人才培养、科技成果转化提供资金支持；通过财政投入的方式引导高校与企业加大对科技成果转化的财力支持
	平台建设	政府引导或支持校企建立科技成果转化平台，如工程技术中心、产业园区、技术创新联盟、产学研联盟中心等，加快高校科技成果转化进程
	教育教学改革	通过教育改革，加强高校与地方的联系，提高高校服务地方的水平，使得高校的学科发展更具实用性
需求类政策工具	政府采购	政府通过对新技术、新产品的采购，减少市场的不确定性，刺激科技成果转化为新工艺、新产品的进程
	校企合作	运用各种支持措施，鼓励企业技术创新，鼓励校企合作，提高企业对于高校的技术需求
	产业技术需求	鼓励高校参与传统行业的改造及新兴产业的发展
	中介机构	采取多举措支持科技成果转化中介机构的建设，使得企业的技术需求能够及时传达给高校，促进高校科研对接企业需求
	项目外包	政府将重要的科研项目委托给高校开展，提高其产出科技成果的应用性，从而促进科技成果转化
环境类政策工具	金融政策	政府通过各类金融政策，拓宽高校科技成果转化融资渠道，为提高高校科技成果转化能力提供资金支持
	税收政策	政府为高校科技成果转化活动、企业技术需求活动提供税收优惠
	知识产权	政府通过保护创新主体的知识产权，授予创新主体在一定时期内占有市场的权利，提高高校科技成果转化的积极性

续表

政策类型	政策工具	概念
环境类政策工具	法规管制	通过法律法规对科研经费管理、市场交易、专利保护等科技成果转化各个阶段进行明确规制，以保障科技成果转化的顺利进行
	收益分配	政府通过收益分配制度的改革，使创新主体获得更大的收益，提高其参与科技成果转化的积极性

表 2 - 4　　　　　　　　浙江省科技政策文本分析类目表

基本信息		颁布主体				政策工具													
政策名称	颁布时间	政策颁布部门	参与部门数量	政策类型	政策力度	废止或修订时间	队伍建设	人事改革	资金支持	平台建设	教育教学改革	政府采购	校企合作	产业技术需求	中介机构	项目外包	金融政策	税收优惠	知识产权	法规管制	收益分配

三、基于共词分析的标准化编码表

为了对历年的科技政策的关键信息进行频次分析、共词分析、社会网络分析，根据共词分析软件 BICOMB 2.0 对于信息提取时文本格式的标准化要求，将政策的基本信息进行标准化的编码，以《浙江省鼓励技术要素参与收益分配的若干规定》为例，编码表见表 2 - 5。

表 2 - 5　　　　　基于共词分析的浙江省科技政策标准化编码表

Document number——文件编码：199901
Document name——题名：浙江省地方税务局关于促进科技成果转化有关个人所得税问题的通知
Organ——发文单位：浙江省地方税务局
Keyword——关键词：奖励；税收减免
Quotation——引用：《关于促进科技成果转化有关税收政策的通知》

其中文件"编码"前四位为颁布年份，后两位仅作区分，并不代表政策的颁布先后顺序。"题名""发文单位"两项可从政策文件中直接获得。

"引用"条款指该政策所提及引用的其他政策。各项科技政策并不是孤立存在的，大部分政策之间会存在着"落实""贯彻""依据"等相互参照的信息，对这些被引政策进行统计，找出浙江省颁布的具有较强影响力的政策条目，进而分析浙江省科技政策体系的层次结构。根据研究目的将引用文献限定于浙江省级层面颁布的科技政策，不含国家层面的科技政策。

政策文献虽也含关键词信息，但其自带的关键词，往往是基于政策文献管理和分类的需求，并不能全面、准确地反映出政策信息，故关键词需要进行单独构建，以更准确地反映出各项政策的政策工具使用情况。体现科技政策主要内容的主题词构建，主要有以下几个步骤。

（1）根据国务院公文主题词表及科技部公文主题词表，建立科技政策主题词基本库，待进一步补充完善。

（2）细读各条科技政策，进行主题词的提取，将提取的科技政策主题词置入主题词基本库。

（3）将含义相近的主题词进行合并处理，如"钱江学者"和"151人才"合并为"人才队伍"；"补贴""财政投入""资金"合并为"资金"等。最后全文细读各条政策，对各项政策进行主题词的构建。

四、科技政策的编码

在确定科技政策的分析单元和类目之后，以每一条政策作为分析单元，对所收集的377项科技政策进行编码处理。为保证编码的准确性，采取逐一阅读与关键词搜索的方式进行关键信息提取。首先通过全文阅读找出显而易见的政策工具，对于细读过后未发现的某些政策工具，采用关键词检索的方式进行二次提取，采用的关键词为科技政策主题词构建之后的主题词库，两种方式相结合，能够有效避免由于疏忽而遗漏掉某些重要信息。在政策编码的过程中，政策的基本信息及颁布主体直接根据政策内容获得。对于政策工具的编码则采取二值法进行，用"1"和"0"代表某一政策中的某一项政策工具是否出现，如若出现某项工具则计为"1"，意为该政策使用了这一政策工具，如若未出现某项工具则计为"0"，意为该政策未使用这一政策工具，见表2-6。

表2－6

浙江省科技政策编码表

基本信息			颁布主体					政策工具													
序号	政策名称	颁布时间	政策颁布部门	参与部门数量	政策类型	政策力度	废止或修改时间	队伍建设	人事改革	资金支持	平台建设	教育教学改革	政府采购	校企合作	产业技术需求	中介机构	项目外包	金融政策	税收优惠	知识产权	法规管制	收益分配
1	关于深入实施科教兴省战略，加速科技进步的若干意见	1996年	省委、省政府	1	省政府颁布的意见	3	至今有效	1	0	1	0	0	0	0	1	1	0	0	1	1	0	0
2	浙江省科学技术进步条例	1997年	省人大常委会	1	省人大常委会颁布的条例	5	2002年废止（经修订）	1	1	1	1	1	1	1	1	1	1	1	0	1	0	1
……	……	……	……	……	……	……	……															

根据构建的 Bicomb 编码表和科技政策主题词库，对每条科技政策进行同步的 Bicomb 标准化编码，见表 2-7。

表 2-7 基于共词分析的浙江省科技政策标准化编码表

Document number——文件编码：199801
Document name——题名：浙江省专利保护条例
Organ——发文单位：浙江省人大常委会
Keyword——关键词：专利纠纷；专利违法；专利保护；专利管理
Quotation——引用：无

五、科技政策分析框架

在进行文本编码之后，首先通过描述统计的方法对科技政策在颁布主体及政策工具两个的基本情况和历史进程进行分析；其次，运用包含各项指标的政策数据库分析其与高校科技成果投入、产出与转化的关系，从而分析其绩效水平。分析框架如图 2-2 所示。

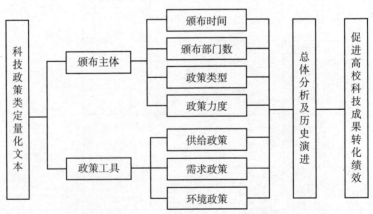

图 2-2 浙江省科技政策绩效分析框架

第三节　浙江省促进高校科技成果 转化的科技政策体系

一、浙江省促进高校科技成果转化的科技政策演变史

（一）浙江省科技政策的演进

1. 浙江省科技政策的数量演变

为准确刻画出浙江省促进高校科技成果转化政策的历史沿革，首先对历年颁布科技政策的数量变化进行分析，浙江省 1996—2017 年历年颁布科技政策数量变化如图 2−3 所示。

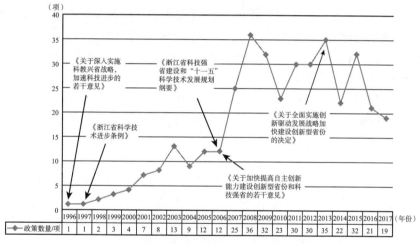

图 2−3　1996—2017 年浙江省历年新增科技政策数量变化

由图 2−3 可知，浙江省促进高校科技成果转化的科技政策数量变化情况可大致划分三个主要阶段：1996—2005 年，科技政策得到了初步发展，颁布数量逐年增长，但是增长幅度不大，政策数量整体也较少；2006—2008 年，科技政策数量快速增长，从 2006 年的 12 项增长到了 2008 年的 36 项，增长了三倍；2009—2017 年，科技政策的数量总体保持平稳，由于 2017 年的政策数量尚不完整，所以有小幅下降。科技政策数量呈现出的变化趋势与浙江省"九五"至"十二五"的发展阶段十分吻

合，"十一五"的开始年份为 2006 年，"十二五"的开始年份则为 2011 年。下面根据三个阶段划分，对不同阶段颁布的政策数量进行描述性统计，以进行对比，分析结果见表2－8。

表2－8　　　　　　　1996—2017 年浙江省新增科技政策
数量描述性统计　　　　　　　　　　单位：项

统计结果	1996—2005 年	2006—2008 年	2009—2017 年
平均值	7.125	24.333	27.11
最大值	13	32	35
最小值	1	12	19
标准差	4.1897	12.0139	5.84

表2－8 显示三个不同阶段的浙江省颁布的促进高校科技成果转化科技政策数量的比较。1996—2005 年，年均颁布政策数量仅为 7.125 项，数量最少的年份，一年仅颁布了一项科技政策，最高值也仅为 13 项，且标准差较小，增长幅度缓慢。2006—2008 年，政策数量的标准差最大，增速最快，年均颁布政策数量达到了 24.33 项，约为 1996—2005 年的三倍，最高值达到了 32 项。2009—2017 年，年均颁布政策数量达到了 27.11 项，标准差相较于 2006—2008 年，大幅度下降，且数量保持高位，逐渐趋于稳定。

1996 年浙江省委、省政府为确保到 2000 年跨世纪目标的实现，颁布了《关于深入实施科教兴省战略，加速科技进步的若干意见》，从指导思想与目标、主要任务、体制改革、科技投入、人才队伍、组织领导六个方面，对今后全省的科技工作进行了总体部署，明确指出高等学校要与研究院、企业联合进行科技攻关，实现成果转化。1997 年，省人大常委会颁布了《浙江省科学技术进步条例》，以地方法规的形式，将省委、省政府关于推进科技工作的各项举措确定下来。2003 年，省委、省政府为克服发展中的新问题，提出并实施了"八八战略"，指出进一步发挥八个方面的优势、推进八个方面的举措，为浙江省高校科技成果转化活动指明了努力方向，同时也为其他各项科技政策的颁布打下了基础。2006 年是"十一五"规划的开局之年，也是创新型省份建设思路提出之年，当年召开的全省自主创新大会，明确提出了创新发展的目标，指出要用十五年的时间建设创新型省份和科技强省。2006年省政府颁布的《浙江省科技强省建设和"十一五"科学技术发展规划纲要》与《中共浙江省委、浙江省人民政府关于加快提高自主创新能力，建设创新型省份和科技强省的若干意见》为进一步提高浙江省自主创新能力、建设创新型省份指明了方向。创新发展思路的提出，极大激励了其他科技创新政策的颁布，2006—2008年浙江省促进高校科技成果转化的政策呈现出井喷式增长。2009年之后，每年颁布的科技政策数量保持在较高数量，虽有波动但整体平稳，科技政策体系逐步完善形成。

2. 浙江省科技政策力度演进

政策力度代表着政策的权重及发挥作用的效力，由于政策制定主体与政策类型的不同，政策力度也会存在较大的差异，但政策力度相较于政策数量，能够更加全面准确地反映出政策颁布部门级别、政策类型及效力情况。根据科技政策量化数据库，分析政策力度的年度变化，为直观反映出两者之间的关系，将两者置于同一折线图2-4中。

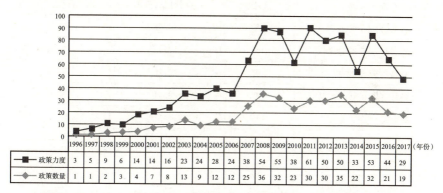

图2-4 1996—2017年浙江省新增科技政策力度与政策数量变化对比

由图2-4可知，浙江省1996—2017年颁布的促进高校科技成果转化科技政策的力度与政策数量的变化趋势相近，各节点也十分吻合，符合上述三个阶段的划分。从两者的数字关系来看，历年来政策力度的大小大致是政策数量的2倍，这种明显的数量关系显然不是偶然造成的，为分析其原因，对1996—2017年颁布的科技政策的类型进行统计分析，如图2-5所示，各类政策数量及其所占比例见表2-9。

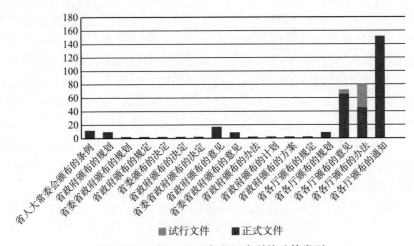

图 2 - 5　1996—2017 年浙江省科技政策类型

表 2 - 9　　　1996—2017 年浙江省颁布科技政策类型占比情况

政策类型	频次	百分比/(%)	累计百分比/(%)
省各厅颁布的通知	153	40.48	40.58
省各厅颁布的意见	67	17.77	58.36
省各厅颁布的办法	46	12.20	70.56
省各厅颁布的暂行办法	33	8.75	79.31
省政府颁布的意见	17	4.51	83.82
省人大常委会颁布的条例	12	3.18	87.00
省政府颁布的规划	10	2.65	89.66
省委省政府颁布的意见	10	2.65	92.31
省各厅颁布的规划	9	2.39	94.69
省各厅颁布的暂行意见	5	1.33	96.02
省委颁布的决定	3	0.80	96.82
省政府颁布的办法	3	0.80	97.61
省委省政府颁布的规划	2	0.53	98.14
省政府颁布的计划	2	0.53	98.67
省政府颁布的规定	1	0.27	98.94
省政府颁布的决定	1	0.27	99.20

政策类型	频次	百分比/(%)	累计百分比/(%)
省委省政府颁布的决定	1	0.27	99.47
省政府颁布的方案	1	0.27	99.73
省各厅颁布的规定	1	0.27	100.00

由图 2 - 5 和表 2 - 9 可知，浙江省颁布科技政策数量最多的为"通知"，占比达到 40.48%，是排名第二政策类型的近 2.3 倍；省各厅颁布的意见占比为 17.77%，颁布的办法占比为 12.20%，暂行办法占比为 8.75%；省政府颁布的意见占比为 4.51%。这几类政策的累积百分比已达到了 83.82%。这些政策的力度值主要以 1、2、3 分为主，而力度值较高的政策如"规定""决定""条例""规划"等政策类型则数量较少。这也是历年来政策力度的大小大致是政策数量的 2 倍的原因。此外，各年每条政策的平均力度如图 2 - 6 所示。

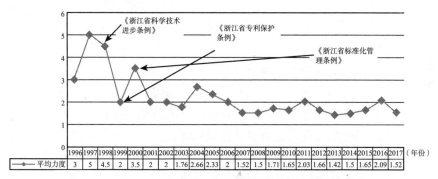

图 2 - 6　1996—2017 年浙江省历年新增科技政策平均力度

图 2 - 6 为 1996—2017 年，浙江省颁布的促进高校科技成果转化每条科技政策的平均力度。主要可以划分为两个阶段：1996—2000 年，科技政策的平均力度较高；自 2001 年开始，呈现出下降趋势，每条科技政策的力度保持在 1~2 分。主要是因为，1996—2000 年，所颁布科技政策的总体数量虽然较少，但是所颁布政策的力度较大，先后出台了《浙江省科学技术进步条例》《浙江省专利保护条例》《浙江省标准化管理条例》等分值为 5 分的地方法规。2000 年之后，虽也颁布了一些力度较大的政策，但是数量较少，"办法""暂行办法""意见""暂行意见""通知"等力

度分值较低的政策数量较多，拉低了每条政策的平均力度。

下面对三个阶段科技政策力度的年度数据进行描述性统计。

表 2-10 显示了不同阶段浙江省新增的促进高校科技成果转化科技政策力度比较，发现其数据特征与不同阶段新增科技政策数量的数据特征具有极大的相似性。1996—2005 年，年均颁布政策力度为 14.2，最低值为 3。2006—2008 年，政策力度增速明显，年均颁布政策力度达到了 38.67，约为 1996—2005 年的三倍，最高值达到了 54，标准差最大，增长幅度最大。2009—2017 年，年新增颁布政策的平均政策力度达到了 45.89，标准差相较于 2006—2008 年，大幅度下降，且力度保持高位，趋于稳定。

表 2-10　　　　　不同阶段浙江省新增科技政策力度描述性统计

统计结果	1996—2005 年	2006—2008 年	2009—2017 年
平均值	14.2	38.67	45.89
最大值	28	54	61
最小值	3	24	29
标准差	8.64	15.01	10.68

3. 浙江省科技政策工具演进

（1）浙江省科技政策工具的整体概况。政策工具是指政府为实现特定目标而采取的政策措施与手段，对政策工具的整体情况进行分析，能够更加准确的把握浙江省在促进高效科技成果转化方面所使用的政策手段及其历史变化趋势，并统计出浙江省 1996—2017 年所颁布的促进高校科技成果转化科技政策政策工具每年增量情况见表 2-11。

表 2-11　　　1996—2017 年浙江省历年新增科技政策工具情况表

年份	供给政策工具	需求政策工具	环境政策工具
1996	2	3	2
1997	5	3	3
1998	1	0	3
1999	3	4	6

年份	供给政策工具	需求政策工具	环境政策工具
2000	11	7	7
2001	13	10	14
2002	11	5	11
2003	26	7	10
2004	17	12	14
2005	24	9	14
2006	27	13	21
2007	45	12	21
2008	68	17	37
2009	51	13	36
2010	40	13	22
2011	64	35	33
2012	58	23	27
2013	63	23	30
2014	38	14	24
2015	52	8	32
2016	52	18	40
2017	39	11	21
合计	710	263	428
百分比	50.79%	18.60%	30.62%

　　由表 2－11 可知，1996—2017 年浙江省颁布的 377 项促进高校科技成果转化科技政策中，共计使用各类政策工具 1398 次。其中，供给政策工具共计使用 710 次，占比最多，达到了 50.79%，环境政策工具共计使用 428 次，占比其次，达到 30.62%，需求政策工具共计使用 263 次，占比最小，为 18.60%。三类政策工具的具体分布情况如图 2－7。

　　观察图 2－7 可知，供给政策工具中，资金支持这一政策工具使用数量最多，达到41%，省政府及各部门通过大力投入财政资金，引导科技成果转化；队伍建设与平台建设占比大致相当，分别为22%和21%；其次是教育教学改革，占比为11%；人事改革政策相对较少，占比仅为5%。

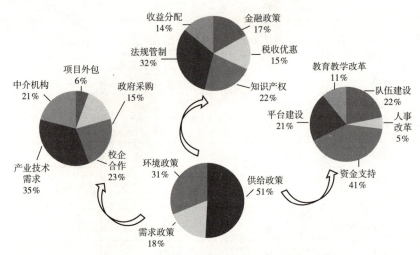

图2-7　1996—2017年各类政策工具具体使用情况

环境政策工具中，法规管制这一政策工具占比最高，达到了32%，省政府及相关部门十分重视对于科技成果转化各环节的法律规制；知识产权保护占比其次，为22%；金融政策、税收政策、收益分配政策三项政策工具占比相当且相对较少，分别为17%、15%、14%。

需求政策工具之中，产业技术需求政策工具占比最高，达到了35%，鼓励高校通过多种形式参与到传统行业改造及新兴产业的发展之中；校企合作与中介机构的政策工具使用次数占比相当，分别为23%和21%；政策采购和项目外包政策工具使用次数相对较小，分别为15%和6%。

（2）浙江省科技政策工具趋势分析。图2-8为考察浙江省促进高校科技成果转化的科技政策所使用的三类政策工具在1996—2017年的历史趋势变化图。

分析图2-8发现，自1996年以来，浙江省颁布的科技政策中，每年新增的三类政策工具使用次数总体呈现出上升趋势，2006年前后为增长幅度变化的主要拐点，2006年之前，三类政策工具的数量大体相当，呈现出缓慢上升的趋势。2006年之后，三类政策的数量差距逐渐拉大，其中供给政策工具增幅最为明显，其增幅与趋势大致与年颁布政策数量和年颁布政策力度相当，这表明供给政策工具在颁布的政策中被频繁地使用，几乎每一条科技政策都一次或者多次使用供给政策工具。环境政策工具上升的趋势次之，需求政策工具的增幅最为缓慢。供给政策工具与需求政策工具年新增使用次数于 2008 年达到峰值，之后数量虽有下降，但大致保持平衡。环境政策工具的数量于 2016 年达到峰值，之后略有下降，但大致保持平衡。这样的发展趋势基本符合上述对于浙江省 1996—2017 年所颁布科技政策的阶段划分。

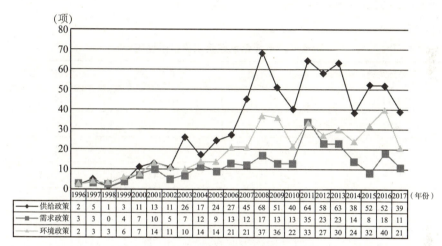

图 2 - 8　1996—2017 年浙江省历年新增三类政策工具情况

表 2 - 12 是对 1996—2005 年新增政策工具的描述性统计，发现各类政策工具使用次数均较弱，年均值比较低。供给政策工具的均值略高于环境政策工具与需求政策工具，最大值约为环境政策工具与需求政策工具的 2 倍，标准差稍大，增长幅度略快于环境政策工具与需求政策工具。

表 2 - 12　　　　　1996—2005 年新增政策工具描述性统计

统计结果	供给政策工具	环境政策工具	需求政策工具
平均值	11.3	8.4	6
最大值	26	14	12
最小值	1	2	0
标准差	8.91	4.84	3.68

表 2 - 13 中，2006—2008 年，供给政策工具和环境政策工具得到了快速发展，供给政策工具的年均值约为 1996—2005 年均值的 4 倍，最大值达到了 68，标准差达到了三个阶段中最大的 20.55，增长幅度最大。环境政策工具年均值约为 1996—2005 年均值的 3 倍，最大值达到了 37，标准差达到了 9.24，也是该类政策工具在三个阶段的最大值，其增长幅度在这一阶段最大。相对而言，需求政策工具均值较前一阶段有所提高，为1996—2005 年均值的 2 倍，这段时期的标准差较小，说明这一政策工具年新增使用次数基本保持平稳。

表 2 - 13   2006—2008 年新增政策工具描述性统计

统计结果	供给政策工具	环境政策工具	需求政策工具
平均值	46.67	26.33	14
最大值	68	37	17
最小值	27	21	12
标准差	20.55	9.24	2.65

分析表 2 - 14 可知 2008—2017 年，三类政策工具年均新增数量较上一阶段相比有所增长，但是增幅不明显。这一时期，供给政策工具与环境政策工具的标准差大幅减小，说明其数量基本趋于稳定，而需求政策工具这一阶段标准差变大，波动幅度大于上一阶段。

表 2 - 14   2009—2017 年新增政策工具描述性统计

统计结果	供给政策工具	环境政策工具	需求政策工具
平均值	50.78	29.44	17.55
最大值	64	40	35
最小值	38	32	8
标准差	9.98	6.48	8.31

为分析三类政策在不同阶段变化趋势的原因及各类政策工具的具体使用情况，下面分别对三类政策工具进行分析。

①图 2 - 9 所示为 1996—2017 年浙江省供给类政策工具年新增量的变化情况。

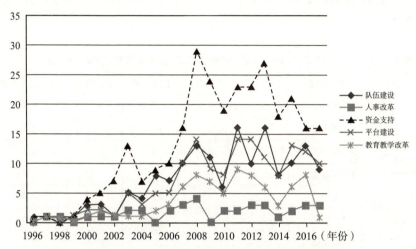

图 2 - 9 1996—2017 年浙江省供给类政策工具年新增量变化情况

供给政策工具，指省政府及其他相关部门通过人才队伍建设、人事改革、资金投入、平台建设、教育教学改革等，为高校科技成果转化提供人才、资金、平台、知识等要素资源，推动其科技成果转化。由图 2 - 9 可知，1996 年以来，资金支持一直是省政府促进高校科技成果转化最为主要的政策手段，在 2003 年开始便与其他类政策工具逐渐拉开了差距，颁布《浙江省科学技术奖励办法实施细则》《浙江省专利专项资金管理办法》《国家科技项目浙江省级财政科技经费匹配计划管理办法》等专项文件，在 2006 年后增幅更快，与其他工具的差距进一步拉大。队伍建设、平台建设也是供给政策之中主要的政策工具，在 2006 年之后，得到了较快的发展。教育教学改革政策相对较小，增长幅度较缓慢。人事改革政策并不是主流的政策手段，虽历年都有提及，但总体数量较少，出现的次数均在5 次以下。

表 2 - 15 中是 1996—2017 年三阶段浙江省新增各类供给政策工具的对比。

从表 2 - 15 的三阶段新增政策工具对比可看出，1996—2005 年，各类政策工具都较弱，年均值都低于五次以下，次数最多的资金政策工具，平均值只有 4.8，最少的人事改革与教育教学改革类工具年均值只有0.9，五类供给政策工具的最小值为0。五类政策工具占比最大的为资金支持类工具，占比达到42.48%，其次为队伍建设和平台建设政策工具，占比分别是23.89%与17.70%。教育教学改革与人事改革的占比相同，为7.96%。

表2-15　　　　　1996—2017年三阶段浙江省新增各类供给政策工具对比

时间	统计结果	队伍建设	人事改革	资金支持	平台建设	教育教学改革
1996—2005年	平均值	2.7	0.9	4.8	2	0.9
	最大值	8	2	13	5	2
	最小值	0	0	0	0	0
	标准差	2.45	0.74	4.23	1.83	0.74
	占比/(%)	23.89	7.96	42.48	17.70	7.96
2006—2008年	平均值	10	3	18.33	9.66	5.67
	最大值	13	4	29	14	8
	最小值	7	2	10	5	3
	标准差	3	1	9.71	4.51	2.52
	占比/(%)	21.43	6.43	39.29	20.71	12.14
2009—2017年	平均值	11	2.11	20.78	11	5.89
	最大值	16	3	27	14	9
	最小值	6	0	16	8	1
	标准差	3.43	1.05	3.8	2.4	2.57
	占比/(%)	21.66	4.16	40.92	21.66	11.60

　　2006—2008年，供给五类政策工具均有所发展。教育教学改革工具虽平均数量较少，但是均值增幅最大，达到530%，这一时期颁布了如《关于实施"十一五"期间全面提升高等教育办学质量和水平行动计划的通知》《浙江省人民政府关于促进高等教育发展的若干意见》等教育教学改革促进高校科技成果转化，占比为12.14%，排第四。平台建设增幅位居第二，均值增幅为383%，颁布的专项政策有《浙江省公共科技条件平台建设纲要》《关于印发科技创新平台与载体建设提升行动计划的通知》等，占比为20.71%，排第三。与前一阶段相比，这一时期资金投入工具依然占据主体地位，均值增幅位居第三，为281.88%，占比最大，为39.29%。队

伍建设工具均值增幅为 270.37%，占比第二，为 21.43%。人事改革工具增幅最少，为 233.33%，占比也最少，为 6.43%。

2009—2017 年，除人事改革类工具外，其他四类政策工具都得到了进一步发展，均值都有所提高，整体保持历史较高水平。其中队伍、资金、平台、教育教学改革四类工具均值相较于上一阶段增幅分别为：10%、13.37%、13.87%、3.88%，人事改革类工具年均值下降 29.67%。这一阶段，五类政策工具的标准差均保持在 4 以下，相较于前两个阶段，逐渐趋于平稳。

②图 2-10 所示为 1996—2017 年浙江省需求类政策工具年新增量的变化情况。

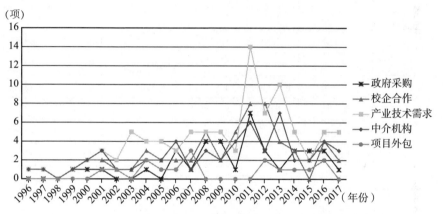

图 2-10　1996—2017 年浙江省需求类政策工具年新增量变化情况

需求政策工具是指省政府及其他相关部门通过采购、校企合作、鼓励高新技术产业发展、中介机构、项目外包等，减少高校科技成果转化过程中，市场的不确定性，通过需求拉动新产品新技术，从而推动高校的科技成果转化。从图 2-10 整体来看，需求类政策工具使用的频次均不高，产业技术需求工具的峰值为 14，也小于 15。1996 年以来，产业技术需求工具是需求工具类省政府促进高校科技成果转化最为主要的政策手段，表明省政府大力支持高新技术产业、新兴产业的发展，通过需求引导，促进高校科技成果转化。项目外包工具不是主流的政策工具，一直保持低位，且增长缓慢。校企合作、中介机构、政府采购工具整体相当，与产业技术需求类政策工具类似，于 2010—2014 年，出现高峰。

表 2-16 中是 1996—2017 年三阶段浙江省新增各类需求政策工具的对比。

表 2 – 16 　　　　　　　1996—2017 年三阶段浙江省新增各类需求政策工具对比

时间	统计结果	政府采购	校企合作	产业技术需求	中介机构	项目外包
1996—2005 年	平均值	0.4	1.4	2.3	1.4	0.5
	最大值	1	3	5	3	2
	最小值	0	0	0	0	0
	标准差	0.52	0.84	1.64	0.84	0.71
	占比/(%)	6.67	23.33	38.33	23.33	8.33
2006—2008 年	平均值	2.67	3	4.33	2.67	1.33
	最大值	4	5	5	4	3
	最小值	1	2	3	1	0
	标准差	1.53	1.73	1.15	1.53	1.53
	占比/(%)	19.05	21.45	30.95	19.05	9.52
2009—2017 年	平均值	2.89	4	6.22	3.67	0.78
	最大值	7	8	14	7	2
	最小值	1	0	2	2	0
	标准差	1.9	2.69	3.7	1.80	0.83
	占比/(%)	16.46	22.78	35.44	20.89	4.43

　　分析表 2 – 16 发现，1996—2005 年，需求类政策工具使用次数均较低，平均值低于 2.5 次以下，次数最多的产业技术需求类工具，平均值也只有 2.3，最少的政府采购与项目外包类工具年均值分别为 0.4 和 0.5，五类供给政策工具的最小值为 0。五类政策工具占比最大的为产业技术需求类工具，占比达 38.33%，其次为校企合作和中介机构类工具，占比为 23.33%。政府采购与项目外包的占比较少，分别为 6.67% 和 8.33%。

　　2006—2008 年，新增需求类政策工具均有所发展，均值增幅分别为：567.5%、114.29%、88.26%、90.71%、166%。政府采购工具基数最小，增长率最高，达到了 567.5% 从使用采购政策的具体政策类型来看，这一时期，虽颁布《浙江省人民政府办公厅关于建立政府优先强制采购节能环保和自主创新产品制度的通知》等针对性采购政策，但大部分采购政策工具分布于其他政策之中，针对性不强，占比达到了 19.05%，排名第三；项目外包类工具占比最少，为 9.52%，但均值增幅为 166%，增幅位居第二，原因与政府采购类政策相同，在于其基数较小；校企合作工具增幅排名第三，为114.29％，占比小幅下降，排名第二，为21.45％；中介机构增幅排名位居第四，占比小幅下降，与政府采购政策工具并排第三，为19.51％；产业技术需求类工具占比虽然保持第一，但占比下降明显，为30.95％，增幅也最低，为88.26％。

2009—2017年，除项目外包工具外，其他四类政策工具年均值都有所提高，整体保持历史较高水平。其中政府采购、校企合作、产业技术需求、中介机构四类工具年均值相较上一阶段增幅分别为：8.24％、33.33％、43.65％、37.45％，项目外包工具年均值下降了41.35％。这一时期，产业技术需求类工具占比回升，达到了35.44％，颁布了如《中共浙江省委、浙江省人民政府关于加快发展海洋经济的若干意见》《中共浙江省委、浙江省人民政府关于加快培育发展战略性新兴产业的实施意见》《浙江省人民政府关于促进地理信息产业加快发展的意见》等一系列促进高新技术产业发展的专项政策，引导高校科技成果转化。校企合作工具占比排名第二，为22.78％，其次为中介机构和政府采购，占比分别为：20.89％、16.46％，项目外包占比最小，为4.43％。五类政策工具的标准差在这一阶段小幅上涨，相较于前两个阶段，这一阶段的需求政策波动较为明显。

③图2-11所示为1996—2017年浙江省环境类政策工具年新增量的变化情况。

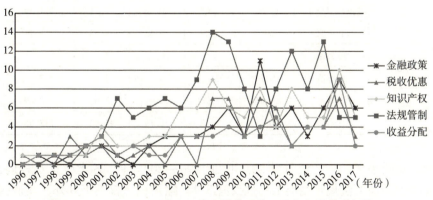

图2-11 1996—2017年浙江省环境类政策工具年新增量变化情况

环境类政策工具是指省政府及其他相关部门通过金融与税收支持、知识产权保护、法规管制、收益分配等政策工具，为高校科技成果转化创造良好的政策环境，从而推动高校科技成果转化。从图2-11来看，五类环境政策类工具的使用频次与供给政策工具仍具有较大差距，在 2006 年之后，各类工具的使用虽达到历史峰值，但整体上均低于 14 次，作用显得较弱。法规管制作为省政府促进高校科技成果转化最主要的环境类政策工具，表现较为突出，旨在通过规范性文件，规范创新体制机制，为科技成果转化提供保障。而其他四类环境类政策工具趋势整体相当。

表 2 - 17 中是 1996—2017 年三阶段浙江省新增环境政策工具的对比。

表 2 - 17　　　　　1996—2017 年三阶段浙江省新增各类环境政策工具对比

时间	统计结果	金融政策	税收优惠	知识产权	法规管制	收益分配
1996—2005 年	平均值	1.1	1	1.9	3.1	1.3
	最大值	3	3	4	7	3
	最小值	0	0	1	0	0
	标准差	0.99	1.05	1.1	2.92	0.82
	占比/(%)	13.10	11.90	22.62	36.90	15.48
2006—2008 年	平均值	3.33	3.33	7	9.67	3
	最大值	4	7	9	14	3
	最小值	3	0	6	6	3
	标准差	0.58	3.51	1.73	4.04	0
	占比/(%)	12.66	12.66	26.58	36.71	11.39
2009—2017 年	平均值	6	4.78	6.22	8.33	4.11
	最大值	11	7	10	13	9
	最小值	3	2	4	3	2
	标准差	2.65	1.99	1.99	3.67	2.09
	占比/(%)	20.38	16.23	21.13	28.30	13.96

分析表 2 - 17 的统计结果，可知 1996—2005 年，各类政策都较弱，年均值最高的法规管制类工具也仅有 3.1。除知识产权类工具外，其他四类工具的最小值均为 0。五类政策工具中，占比最多的为法规管制，达到 36.90%，其次为知识产权保护类工具，达到 22.62%。收益分配与金融政策工具数量占比相当，分别为 15.48% 与 13.10%。虽然这一时期环境类政策工具的总体数量较少，但颁布了一些开创性的，具有重要意义的政策。如 1998 年，浙江省政府借鉴产权制度改革的经验，制定了《浙江省

鼓励技术要素参与收益分配的若干规定》，在全国率先实行技术要素参与股权和收益分配的政策，这项政策极大地调动了科技人员的积极性，促进了浙江省科技成果的转化。

2006—2008 年，环境类五种政策工具均得到了较快的发展，知识产权保护、税收优惠、法规管制、金融政策三类工具均值增幅超过 200%，分别为 268.42%、233%、211.94%、202.73%。收益分配类工具增幅也超过 100%，为 130.77%。法规管制依旧是这一阶段的主要政策工具，占比 36.71%，知识产权占比 26.58%，小幅上涨排名第二，金融与税收政策占比相同，为 12.66%，排名第三。收益分配类工具占比下降较为明显，排名第五，为 11.39%。

2009—2017 年，除知识产权保护与法规管制类工具外，其他三类政策工具得到了小幅的发展，金融、税收、收益分配类工具的年均值增幅分别为 80.18%、43.54%、37%。知识产权保护工具年均值下降 11.14%、法规管制工具年均值下降 13.86%。总体来看，这一时期的环境政策工具使用数量处于历史高位，尤其是金融政策工具，得到了较多的使用。

总体而言，在 1996—2005 年，三类政策工具的年新增长量都处于历史最低位，且增长幅度缓慢，2006—2008 年，是供给、需求与环境类政策工具增长幅度最快的三年，2009—2017 年各类政策工具均值的增长率大幅回落，但总体已经处于历史高位并保持稳定。

4. 浙江省科技政策制定部门演进

（1）独立颁布科技政策的主体构成及分析。对 1996—2017 年间浙江省独立颁布科技政策的主体进行统计分析，结果见表 2 - 18。

表 2 - 18　　　1996—2017 年三阶段浙江省独立颁布科技政策主体统计表

颁布主体	1996—2005 年	2006—2008 年	2009—2017 年	合计
省人大常委会	7	0	5	12
中共浙江省委	0	2	1	3
浙江省人民政府	9	6	21	36
省科学技术厅	22	23	54	99
省教育厅	0	14	44	58
省地税局	2	1	0	3
省政府办公厅	4	2	28	35

续表

颁布主体	1996—2005 年	2006—2008 年	2009—2017 年	合计
省知识产权局	1	0	3	4
省财政厅	1	0	3	4
省国土资源厅	0	1	1	2
省经济和信息化委员会	0	0	6	6
省环保厅	0	0	5	5
省工商局	0	0	1	1
省农业厅	0	0	2	2
省安全生产监督管理局	0	0	1	1
省药品监督管理总局	0	0	1	1
省人力资源和社会保障厅	0	0	1	1
合计	46	49	177	272

由表 2－18 可知浙江省能够独立颁布促进高校科技成果转化科技政策的部门数量达到了 17 个，分别为省人大常委会、中共浙江省委、省人民政府、省科技厅、省教育厅、省地税局、省政府办公厅、省知识产权局、省财政厅、省国土资源厅、省经济和信息化委员会、省环保厅、省工商局、省农业厅、省安全生产监督管理局、省药品监督管理总局、省人力资源和社会保障厅。17 个部门单独颁布的科技政策总数达到了 272，占政策总数的 72.15%，说明浙江省单独发文的政策比例较高，联合发文的比例仅有 27.85%。

图 2－12 反映出各个部门在三个不同阶段年均单独颁布科技政策的数量对比。可直观地看出，省人大常委会是唯一一个在 1996—2005 年，年均单独颁布政策数量大于其他两个时间段。这主要是因为，在 1996—2005年，省人大常委会颁布了较多的地方性法规条例，已基本涵盖了成果转化的各个方面，2009—2017 年，仅对部分条例进行了修订。

中共浙江省委及省科技厅在 2006—2008 年年均单独颁布的科技政策数量最高。省委在这一阶段单独颁布了如《中共浙江省委关于认真贯彻党的十七大精神扎实推进创业富民创新强省的决定》《中共浙江省委关于深入学习实践科学发展观加快转变经济发展方式推进经济转型升级的决定》等具有重要历史意义的科技政策，创新发展思路在这一阶段逐渐形成。省科技厅在2006—2008年内年均单独颁布的科技政策增长迅速，达7.67项，从1996—2005年的年均单独颁布2.2项，增长了48.64%。浙江省人民政府、省教育厅、省政府办公厅等年均单独颁布科技政策的数量呈现出不断上升趋势。其中，省教育厅在2006—2008年增长速度最为明显，从1996—2005年的0项增长到4.67项。源于浙江省启动省重点学科建设，实施了浙江省高等学校创新团队支持计划等。省政府和省政府办公厅在三个阶段年均单独颁布科技政策数量增长较为平稳。

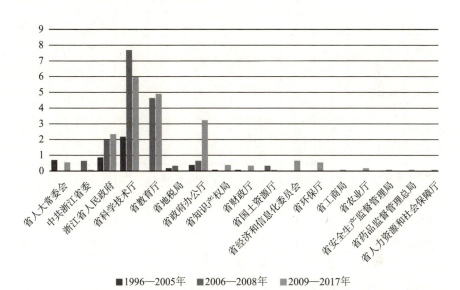

图2-12　1996—2017年浙江省各部门三阶段年均独立颁布科技政策数量对比

2009—2017年，随着创新驱动发展战略的实施，更多部门参与到促进科技成果转化政策的制定中。如浙江省经济和信息委员会颁布了一系列促进产业转型升级的政策，省环保厅印发了《浙江省环境保护"十二五"科技发展规划》，省药监局颁布了《关于优化服务举措促进生物医药产业创新发展的若干意见》，省安监局颁布了《推进安全生产科技进步的意见》等，虽然这些部门单独颁布的政策数量较少，但作为非科技政策制定的主要部门，已然意识到科技进步在自身领域发展中的重要作用。

（2）联合颁布科技政策的主体及构成。377项科技政策中，共有105项政策是联合制定，对联合参与政策制定部门的牵头情况和参与情况进行统计，见表2-19。

表 2 - 19　　　　省各部门各阶段牵头与参与颁布科技政策数量情况

部门	1996—2005 年		2006—2008 年		2009—2017 年		合计			
	牵头/项	参与/项	牵头/项	参与/项	牵头/项	参与/项	牵头/项	占比/（%）	参与/项	占比/（%）
省科技厅	3	5	12	4	19	23	34	32.38	32	16.16
省财政厅	6	3	4	14	15	19	25	23.81	36	18.18
省委	4	0	1	0	8	0	13	12.38	0	0.00
省委组织部	0	0	1	1	10	0	11	10.48	1	0.51
省教育厅	1	1	5	4	4	10	10	9.52	15	7.58
省委办公厅	0	0	1	0	4	0	5	4.76	0	0.00
省人力资源和社会保障厅	0	1	0	5	1	9	1	0.95	15	7.58
省经信委	0	1	0	5	1	5	1	0.95	12	5.56
省科学技术协会	0	0	0	1	1	0	1	0.95	1	0.51
省海洋与渔业局	0	0	0	1	1	0	1	0.95	1	0.51
省高等教育协会	0	0	0	0	1	1	1	0.95	1	0.51
省监察局	0	0	0	0	1	0	1	0.95	0	0.00
省教育工委	0	0	0	0	1	0	1	0.95	0	0.00
省政府	0	4	0	1	0	8	0	0.00	13	6.57
省扶贫办	0	1	0	0	0	0	0	0.00	1	0.51
省工商行政管理局	0	0	0	2	0	1	0	0.00	3	1.52
省国税局	0	0	0	2	0	1	0	0.00	3	1.52
省地税局	0	0	0	2	0	0	0	0.00	2	1.01
省统计局	0	0	0	1	0	0	0	0.00	1	0.51
省发改委	0	0	0	5	0	5	0	0.00	10	5.05
省农业和农村工作小组办公室	0	0	0	3	0	0	0	0.00	3	1.52
省商务厅	0	0	0	2	0	0	0	0.00	2	1.01
省质监局	0	0	0	3	0	1	0	0.00	4	2.02
省出入境检验检疫局	0	0	0	1	0	0	0	0.00	1	0.51
省知识产权局	0	0	0	2	0	5	0	0.00	7	3.54

部门	1996—2005 年		2006—2008 年		2009—2017 年		合计			
	牵头/项	参与/项	牵头/项	参与/项	牵头/项	参与/项	牵头/项	占比/（％）	参与/项	占比/（％）
省总工会	0	0	0	1	0	1	0	0.00	2	1.01
共青团浙江省委	0	0	0	1	0	0	0	0.00	1	0.51
省环保厅	0	0	0	1	0	0	0	0.00	1	0.51
省地震局	0	0	0	0	0	1	0	0.00	1	0.51
省气象局	0	0	0	0	0	1	0	0.00	1	0.51
省政府办公厅	0	0	0	1	0	4	0	0.00	5	2.53
省民政厅	0	0	0	0	0	1	0	0.00	1	0.51
省中小企业局	0	0	0	1	0	1	0	0.00	2	1.01
省国资委	0	0	0	0	0	3	0	0.00	3	1.52
省政府金融办	0	0	0	0	0	3	0	0.00	3	1.52
人行杭州支行	0	0	0	0	0	3	0	0.00	3	1.52
省银监局	0	0	0	0	0	2	0	0.00	2	1.01
省证监局	0	0	0	0	0	1	0	0.00	1	0.51
省保监局	0	0	0	0	0	1	0	0.00	1	0.51
省委宣传部	0	0	0	0	0	1	0	0.00	1	0.51
省新闻出版局	0	0	0	1	0	1	0	0.00	2	1.01
省自然科学基金委员会	0	0	0	0	0	2	0	0.00	2	1.01
省社会科学界联合会	0	0	0	0	0	1	0	0.00	1	0.51
省委人才工作领导小组办公室	0	0	0	0	0	1	0	0.00	1	0.51

注：省各部门经过了合并或者调整更名，为便于统计，以现阶段为准。其中省人事厅、省劳动和社会保障厅的数据并入省人力资源和社会保障厅；省对外贸易经济合作厅数据并入省商务厅；省经贸委、省信息产业厅数据并入省经济与信息化委员会；省版权局数据并入省新闻出版广电局。

由表 2–19 可知，联合颁布政策的主体部门数量达到 44 个，是单独颁布政策文件主体数量的 2.59 倍。其中，牵头颁布政策的主体数量为 13 个，省科技厅牵头颁布的政策最多，达到 34 项，占比 32.38％。省财政厅牵头颁布的政策数量也较大，达到 25 项，占比 23.81％。省委牵头颁布的政策数量为 13 项，占比 12.38%，其颁布的科技政策一般效力较高，且具有宏观指导意义，表明了省委省政府对于科技成果转化的重视。省委组织部牵头颁布的政策数量为 11 项，占比 10.48%，其多联合其他部门颁布人才相关政策。省教育厅作为促进高校科技成果转化的主要部门，联合其他部门颁布相关科技政策数达 10 项，占比 9.52%。

省财政厅作为参与成员，颁布的科技政策数量最多，共计 36 项，占比 18.18%，需指出的是，省财政厅单独颁布的科技政策数量仅为 4 项，其牵头和参与颁布政策的数量占其颁布所有政策数量的 93.8%，这表明，省财政厅十分重视与其他部门之间的合作，协同推进科技成果转化。省各部门在制定促进高校科技成果转化政策过程中也较多地使用资金政策工具，与上文的结论一致。省科技厅参与颁布政策数量紧随其后，达 32 项，占比 16.16%。其次为省教育厅，参与颁布的科技政策数量为 10 项，占比 9.52%，无论是单独颁布还是牵头或参与颁布，省科技厅都是科技政策颁布的主要部门。省人社厅和省政府参与颁布的政策数量分列第四与第五，数量为 15 项与 13 项，占比分别为 7.58% 与 6.57%。

图 2 - 13 所示为浙江省科技政策颁布主体的构成情况。

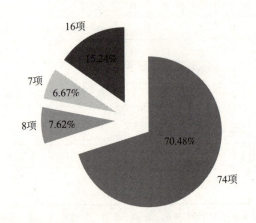

图 2 - 13　政策颁布主体构成情况

整体来看图 2 - 13 的政策颁布主体的构成情况，105 项联合颁布的科技政策中，2 部门颁布的政策占比最大，达 74 项，占联合颁布政策数量的 70.48%，占所有科技政策的比例为 19.58%。3 部门及 4 部门联合颁布的政策数量较少，分别为 8 项和 7 项，分别占联合颁布政策数量的 7.62% 和 6.67%，占所有科技政策比例分别为 2.14% 和 1.85%。值得注意的是，五部门及以上联合颁布科技政策的数量达到了 16 项，占联合颁布科技政策数量的 15.24%，占所有政策的 4.23%，这 16 项政策之中，5 部门联合颁布的占 5 个，6 部门联合颁布的占 2 个，7 部门联合颁布的占 2 个，8 部门联合颁布的占 2 个，9 部门联合颁布的占 4 个，10 部门联合颁布的占 1 个。如《关于印发〈关于大力促进科技中介机构发展的若干意见〉的通知》由省科技厅、省发改委、省人事厅、省教育厅、省民政厅、省财政厅、省工商行政管理局、省国税局、省地税局多部门联合颁布，《关于进一步促进科技与金融结合的若干意见》由省科技厅、省财政厅、省金融办、省中小企业局、省国税局、人行杭州中心支行、浙江银监局、浙江证监局、浙江保监局多部门联合颁布。这体现了浙江省各部门在颁布科技政策的过程中，较为重视部门间的协同合作。

为了对科技政策制定部门协同的历史趋势进行探究，将每年及三个阶段的联合颁布情况进行统计，见表 2－20。

表 2－20　　　　　　　各年度科技政策制定部门协同情况

阶段	年份	1 部门颁布/项	2 部门颁布/项	3 部门颁布/项	4 部门颁布/项	5 部门及以上颁布/项	每项政策平均参与部门数量/项
1996—2005 年	1996	0	1	0	0	0	2
	1997	1	0	0	0	0	1
	1998	2	0	0	0	0	1
	1999	3	0	0	0	0	1
	2000	4	0	0	0	0	1
	2001	5	2	0	0	0	1.29
	2002	6	2	0	0	0	1.25
	2003	8	3	1	0	1	1.69
	2004	8	1	0	0	0	1.11
	2005	9	3	0	0	0	1.25
	总计/项	46	12	1	0	1	1.3
	占比/(%)	76.67	20.00	1.67	0.00	1.67	

阶段	年份	1 部门颁布/项	2 部门颁布/项	3 部门颁布/项	4 部门颁布/项	5 部门及以上颁布/项	每项政策平均参与部门数量/项
2006—2008 年	2006	7	2	0	1	2	2.25
	2007	18	4	0	0	3	1.84
	2008	24	7	0	1	4	1.97
	总计/项	49	13	0	2	9	2.04
	占比/(%)	67.12	17.81	0.00	2.74	12.33	
2009—2017 年	2009	24	7	0	1	0	1.31
	2010	15	6	1	0	1	1.74
	2011	21	7	0	0	2	1.73
	2012	21	5	0	2	0	1.5
	2013	28	4	0	0	0	1.4
	2014	15	5	2	0	0	1.41
	2015	22	7	2	0	1	1.5
	2016	18	3	0	0	0	1.14
	2017	13	5	0	0	1	1.68
	总计/项	178	49	7	5	6	1.49
	占比/(%)	72.54	20.08	2.87	2.05	2.46	

由表2-20可知浙江省自2001年开始，联合颁布科技政策的数量开始逐渐增加，尤其在2006—2008年，联合颁布政策的力度大幅度提高，4部门联合颁布的数量从0项提高到2项，5部门联合颁布的数量从1项提高到了9项。每项政策平均参与部门数量在这一阶段也均保持在1.8以上。2009—2017年，联合颁布政策的数量趋于稳定，波动幅度不大，每项政策平均参与部门数量维持在1.5左右。整体上看，虽然联合颁布政策数量仅占政策总数的27.78%，但是自2006年以来，科技政策制定过程中部门协作呈现出较为良好的发展态势。

为了能够更加直观地反映出浙江省制定科技政策主体之间的协作关系及其历史演变，运用社会网络分析方法分析不同主体之间在不同阶段的合作关系，绘制社会网络图谱。社会网络分析可以揭示出各个节点之间的关联结构，并进行量化的分析，以较为直观的网络图形进行展示。而"节点"即为颁布科技政策的各个部门，节点之间的"连线"即表示他们之间联合颁布过一项科技政策。将三个阶段部门之间的协同关系构建 $n \times n$ 的对称邻接矩阵，绘制出社会网络图谱，并进行中间中心性（Between Centrality）分析，以经过某一个节点最短的路径数量来体现该节点的重要程度，在一定程度上能够表示其对资源的控制程度，如图 2 - 14 所示。

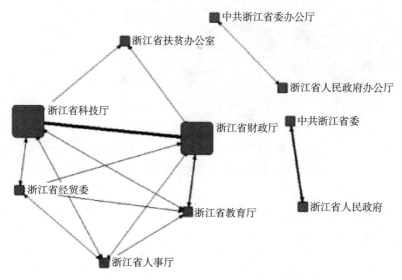

图 2 - 14　1996—2005 年发文主体社会网络图谱

图 2 - 14 显示 1996—2005 年，参与浙江省促进高校科技成果转化政策发文的部门较少，涉及的部门数只有 10 个，省科技厅和财政厅是联合发文的主要主体，掌握了较多的资源。总体而言，这一时期的部门协作较为薄弱，各部门各自为战，处于较松散状态，部门间缺乏良好的沟通。

2006—2008 年的三年内，部门间的协作与上一阶段相比，变化极为明显。涉及联合发文的部门数量达到了 34 个，如图 2 - 15 所示，与上一阶段相比增长了 240%。这一阶段颁布科技政策的所有部门之中，只有浙江省国土资源管理厅没有参与政策的联合颁布。科技成果转化政策所涉及的领域更加广泛，与此同时，更多的政府部门参与到科技政策制定过程中来。除省科技厅、财政厅外，省教育厅、省经贸委、省发改委等中心节点也发展起来，针对各自特点颁布了针对性较强的科技政策，科技资源分配更加均衡。

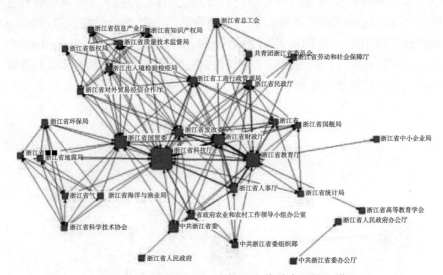

图 2 – 15　2006—2008 年发文主体社会网络图谱

由图 2 – 16 可知，2009—2017 年，涉及联合颁布科技政策的部门数量

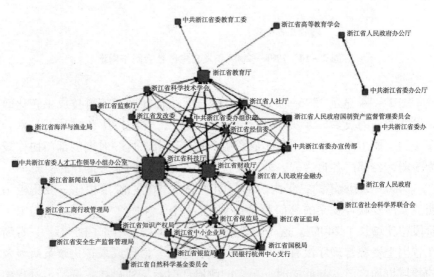

图 2 – 16　2009—2017 年发文主体社会网络图谱

达 32 个,与上一阶段相比基本保持不变,但节点与其他节点仅有一条连线的数量较多,达到了 11 个,这 11 个部门仅与其他一个部门发生过联合颁布政策的情况。与上一阶段相比,这一阶段的部门合作与上一阶段相比略有下降的趋势,但总体上部门协作还是较为频繁的,大多数部门间保持着较为亲密的合作关系。从中心性来看,省科技厅、省财政厅、省教育厅依旧处于网络的中心位置,掌握较多的资源,在科技政策制定的过程中,对其他部门的控制能力较强。

5. 浙江省科技政策内容的演进

(1)初步发展阶段:1996—2005 年。对浙江省 1996—2005 年颁布的 377 项促进高校科技成果转化的科技政策主题词词频进行统计,保留频次大于 5 次的关键词,见表 2 - 21。

表 2 - 21　　　1996—2005 年浙江省科技政策主题词频次分布

序号	关键字段	出现频次/次	百分比/(%)	累计百分比/(%)
1	资金	29	9.1483	9.1483
2	监督管理	24	7.5710	16.7192
3	奖励	16	5.0473	21.7666
4	体制改革	12	3.7855	25.5521
5	农业科技	11	3.4700	29.0221
6	人才队伍	11	3.4700	32.4921
7	政策保障	10	3.1546	35.6467
8	高新技术产业	9	2.8391	38.4858
9	专家评审	8	2.5237	41.0095
10	目标	7	2.2082	43.2177
11	科技进步	7	2.2082	45.4259
12	平台建设	7	2.2082	47.6341
13	项目	6	1.8927	49.5268
14	认定	6	1.8927	51.4196
15	技术市场	6	1.8927	53.3123
16	管理	6	1.8927	55.2050

序号	关键字段	出现频次/次	百分比/(%)	累计百分比/(%)
17	海洋	6	1.8927	57.0978
18	服务体系	5	1.5773	58.6751
19	申报	5	1.5773	60.2524
20	创新体系	5	1.5773	61.8297
21	欠发达乡镇	5	1.5773	63.4069
22	法规管制	5	1.5773	64.9842

表2-21中22个关键词占总关键词量的64.42%，能够较好地反映这一时期政策的整体情况。为同时考量各关键词间的相互关系，通过BICOMB软件建立共词矩阵表格，再运用UCINET软件绘制社会网络图谱，并进行中间中心性分析，如图2-17所示。

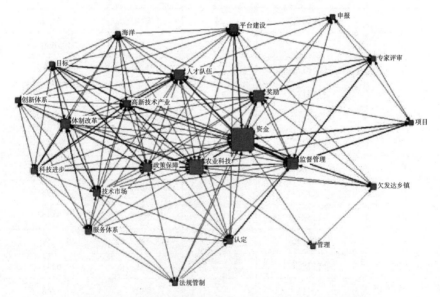

图2-17 1996—2005年浙江省科技政策社会网络图谱

由表2-21和图2-17可知出现频次最多的主题词为"资金"，在1996—2005年内颁布的60项科技政策中，出现了29次，其他主题词与之都存在着连线，表明省政府及各部门所颁布的科技政策中，都十分重视资金的作用，大多使用资金工具促进科技进步、成果转化与高新技术产业的发展。"监督管理"出现了 24 次，表明了省各部门十分重视政府监督管理在科技进步中的作用，其与"资金"的联系最为紧密，表明专项资金管理也为该阶段政策的主要内容。"农业科技"出现了 11 次，与人才队伍、资金、服务体系、创新体系等都存在着较多联系。"人才队伍"出现了 11 次，表明省政府及其他部门重视人才工作培养和管理。

为进一步更加准确的了解各主题词与其他主题词间连线的准确含义，通过查找包含这类主题词的具体政策并对其进行分析。

结合词频统计、主题词社会网络图和代表性政策表，可得出 1996—2005 年浙江省所颁布的科技政策的主要包括以下内容，见表 2 – 22。

表 2 – 22　　　　　　1996—2005 年浙江省颁布各类型代表性政策

政策关注点	标志性政策	主要内容	关键词
法规条例	《浙江省标准化管理条例》（2000）	加强标准化管理，促进技术进步，确保产品、服务、建设工程质量制定的条例	标准化；资金；监督管理；违法
体制改革	《浙江省科学技术厅关于进一步深化科技计划管理体制改革的若干意见》（2005）	就深化完善科技计划管理体制和运行机制，优化科技资源配置提出了十二条建议	科技计划；体制改革；监督管理
科技奖励与专项资金	《浙江省科学技术奖励办法》（2002）	为了鼓励自主创新，推动科学技术进步，设立科学技术奖项，并颁布的匹配办法	奖励；办法；专家评审
人才队伍	《中共浙江省委、浙江省人民政府关于大力实施人才强省战略的决定》（2004）	为培养和造就一支高素质人才队伍，而进行的工作部署	人才队伍；体制改革；政策保障；资金
高新技术产业	《中共浙江省委、浙江省人民政府关于加强技术创新发展高科技实现产业化的若干意见》（2000）	为加强技术创新，发展高科技实现产业化指明了发展重点，并提出了相应的政策保障措施	科技进步；高新技术产业；结构调整；体制改革；引进吸收；目标；农业科技；发展重点；创新体系；技术市场；政策保障

续表

政策关注点	标志性政策	主要内容	关键词
农业科技	《中共浙江省委、浙江省政府关于加快农业科技进步的若干意见》（2001）	为推进农业科技进步，促进实现农业发展的新跨越，提前基本实现农业和农村现代化而提出相应意见	科技进步；农业科技；体制改革；创新体系；国际合作；服务体系；培训；政策保障
海洋科技	《中共浙江省委、浙江省人民政府关于建设海洋经济强省的若干意见》（2003）	提出了建设海洋经济强省的要求、目标及发展重点	海洋；创新体系；产学研合作；平台建设；学科建设

①法规条例。21 世纪初，浙江省在科技领域所颁布的地方法规几乎为空白，随着科教兴省战略的深入实施，省人大常委会颁布了一系列科技政策条例，如《浙江省科学技术进步条例》《浙江省专利保护条例》《浙江省标准化管理条例》《浙江省技术市场条例》，2004 年颁布了《浙江省促进科技成果转化条例》，以地方法规的形式为科技成果转化提供保障。

②体制改革。随着社会主义市场经济体制建设进程的推进，科技体制改革也成为浙江省这一时期科技强省建设的重要主题，不仅颁布了如《浙江省科学技术厅关于进一步深化科技计划管理体制改革的若干意见》在内的专项科技体制改革政策，随后颁布的各类政策都或多或少包含体制改革的内容，旨在通过改革科技体制来适应市场经济对于科技发展的需求，加强高校科技成果的市场化导向，促进高校与产业互动。

③科技奖励与专项资金。1997 年颁布的《科技进步条例》，让科技经费投入法定化，"规定省、市、县（市）财政科技投入的年增长幅度应当高于财政收入的年增长幅度；到 2000 年，全省财政科技投入的比重达到财政支出的 3% 以上；其中省本级达到 6.5%，市（包括县级市）达到 3%，县达到 2%"。为促进科技进步及科技成果转化，省各厅联合省财政厅设立了各类科技奖励及专项政策，如"浙江省科研院所专项科技经费""浙江省专利专项资金""浙江省欠发达乡镇科技特派员专项资金""浙江省科学技术奖励办法"等，这些科技专项资金和奖项在之后得到了很好的延续。

④人才队伍。2004 年，省委省政府颁布了《关于大力实施人才强省战略的决定》，并设立了"人才强省战略"专项资金，除此之外，在此阶

段颁布的其他各类政策,如高新技术产业、农业科技、科技计划等政策中,都提到了人才队伍对于新世纪科技工作的重要性。

⑤高新技术产业。早在1997年颁布的《浙江省科技进步条例》中,就以单独一章"高新技术及其产业"对省、市、县(市、区)人民政府促进高新技术产业发展作出了明确要求;1999年颁布的《浙江省人民政府关于大力推进高新技术产业化的决定》把高新技术产业化摆到国民经济发展的优先位置,并提出了明确的发展目标。2003年提出的"八八战略"作为全省发展的总领性纲领,也指明了经济转型的出路。

⑥农业科技。2001年省委省政府颁布《关于加快农业科技进步的若干意见》提出要建立适应社会主义市场经济发展的农业科技创新体系,并提出一系列政策工具及保障措施;2002年还设立了"农业科技成果转化资金"促进农业科技成果转化,并于2003年试点,2005年全面推开并不断完善深化科技特派员制度。

⑦海洋科技。在1996年颁布的《关于深入实施科教兴省战略,加速科技进步的若干意见》及1997年颁布的《浙江省科技进步条例》中均着重强调了海洋科技开发与进步,提出了"科技兴海"工程;2003年省委省政府颁布了《关于建设海洋经济强省的若干意见》,"建设海洋经济强省"战略目标得到确立。

上述七点即为1996—2005年浙江省颁布科技政策的主要内容,可以看出,此阶段并没有出台专门针对高校科技成果转化的专项政策,普适的科技政策内容是这一阶段的主要特征,促进高校科技成果转化的内容散布在这些政策之中,多为间接引导形式,通过指明科技发展重点领域,重点方向的技术需求,引导高校的科技成果转化及相应学科建设。

(2)快速发展阶段:2006—2008年。对浙江省2006—2008年颁布的促进高校科技成果转化科技政策主题词词频进行统计,保留频次大于5次的关键词,见表2-23。

表2-23 2006—2008年浙江省科技政策主题词频次分布

序号	关键字段	出现频次/次	百分比/(%)	累计百分比/(%)
1	资金	33	8.8710	8.8710
2	管理	31	8.3333	17.2043
3	项目	18	4.8387	22.0430

序号	关键字段	出现频次/次	百分比/(%)	累计百分比/(%)
4	高校	18	4.8387	26.8817
5	申报	17	4.5699	31.4516
6	创新能力	17	4.5699	36.0215
7	人才队伍	17	4.5699	40.5914
8	平台建设	15	4.0323	44.6237
9	目标	13	3.4946	48.1183
10	政策保障	12	3.2258	51.3441
11	知识产权	11	2.9570	54.3011
12	产学研合作	10	2.6882	56.9892
13	专家评审	9	2.4194	59.4086
14	奖励	9	2.4194	61.8280
15	规划	7	1.8817	63.7097
16	农业科技	7	1.8817	65.5914
17	创新体系	6	1.6129	67.2043
18	培养	5	1.3441	68.5484
19	监督	5	1.3441	69.8925
20	可持续	5	1.3441	71.2366
21	验收	5	1.3441	72.5806
22	科技计划	5	1.3441	73.9247
23	标准化	5	1.3441	75.2688

表 2 - 23 中 23 个关键词共占关键词总量的 75.27%，能够较好地反映这一时期政策的整体情况，通过 BICOMB 2.0 软件建立共词矩阵表格，再运用 UCINET 绘制社会网络图谱，并进行中间中心性分析，如图 2 - 18 所示。

由表 2 - 23 和图 2 - 18 可知，出现频次最多的主题词与上一阶段相同，依旧为"资金"，出现了 33 次，占比 8.87%，资金仍是浙江省政府推进科技工作的主要政策工具。"管理"出现了 31 次占比 8.33%，其与"资金""项目"的联系最为紧密，其与"资金"共同出现了 18 次，与"项目"共同出现了 16 次，表明此阶段省政府较为重视科技资金及项目的管理工作。这一阶段，"高校"这一主题词共出现了 18 次，省教育厅及其他部门开始重视高校这一创新主体在科技创新及科技成果转化中的重要作用，颁布了系列平台建设、学科建设、资金投入等具有针对性的政策。"创新能力"是这一阶段科技政策的重要主题，所颁布的 73 项科技政策之中，大部分指出要提高各类创新主体的创新能力。除此之外，"人才队伍""知识产权""规划"也是这一阶段的科技工作重点，出现频次分别为 17 次、11 次及 7 次。

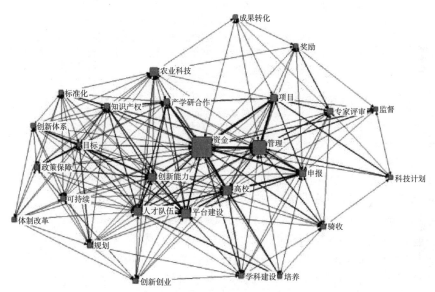

图 2 – 18　2006—2008 年浙江省科技政策社会网络图谱

为了能够更加准确地了解各个主题词与其他主题词之间连线的准确含义，通过查找包含这类主题词的具体政策并对其进行分析，见表 2 – 24。

表 2 – 24　　　　　　2006—2008 年浙江省颁布各类型代表性政策

政策关注点	标志性政策	主要内容	关键词
科技规划与计划	《浙江省科技强省建设和"十一五"科学技术发展规划纲要》(2006)	对"十一五"期间科技事业的全面发展进行了整体规划，提出了到 2020 年的科技发展目标	创新能力；规划；目标；体制改革；创新体系；人才队伍；知识产权保护；标准化；资金

续表

政策关注点	标志性政策	主要内容	关键词
高校创新能力	《浙江省人民政府关于促进高等教育发展的若干意见》（2007）	明确指出高校要增强科技创新和服务社会的能力，通过学科建设、人才培养引导高校参与浙江区域创新体系建设	高校；学科建设；人才队伍；平台建设；创新能力；资金；创新创业；规划
项目管理	《浙江省重大科技专项计划管理（试行）办法》（2007）	对浙江省重大科技专项的立项、经费、验收等全方位的管理作出明确规定	项目；科技计划；管理；专家评审；验收
知识产权保护	《浙江省"十一五"知识产权发展规划纲要》（2007）	实施知识产权战略，对"十一五"期间知识产权的发展设定了明确目标	知识产权；目标；管理；工程；服务体系；政策保障；规划
平台建设	《浙江省公共科技条件平台建设纲要》（2006）	指出在"十一五"期间，科技平台建设的重点及政策保障措施	知识产权；目标；管理；工程；服务体系；政策保障；规划

①科技规划与计划。2006年是"十一五"规划的开局之年，也是新时期科技发展的开局之年，《中共浙江省委、浙江省人民政府关于提高自主创新能力，建设创新型省份和科技强省的若干意见》和《浙江省科技强省建设与"十一五"科学技术发展规划纲要》先后出台，成为引领浙江省加快建设创新型省份的纲领性文件。并颁布了知识产权规划、专利发展规划等，形成了以"十一五"科技发展规划为核心的政策体系。

②高校创新能力。浙江省委、省政府高度重视高等教育的改革与发展，提升高等教育科学研究与科技成果转化能力，推动高校服务于地方创新发展、成为建设创新型省份及科技强省的重要抓手。自2005年起，省教育厅开始重中之重学科建设，各高校通过凝练学科自身特色，紧密结合地方需求，开展人才培育、教学改革、服务地方等多方面的建设任务。此外省教育厅重视高校平台建设与人才培养，与省科技厅、省发改委、省财政厅联合颁布了《浙江省公共科技平台建设纲要》，积极组织申报教育部工程研究中心，教育部省部共建实验室等，颁布了《关于实施浙江省大学生科技创新活动计划的通知》，设立了大学生科技创新基金。2008年，浙江省高校产学研联盟中心台州中心正式成立，开启了高校服务地方创新发展的新型模式。

③项目管理。在国家级重大专项的规划基础上，浙江省根据《国家中

长期科学和技术发展规划纲要（2006—2020年)》，围绕国家目标，制定了若干重大战略产品、关键性技术或重大工程作为浙江省重大科技专项；2006年颁布了《浙江省重大科技专项实行专家咨询制度管理（试行）办法》要求在科技专项战略目标和任务确定、技术实施方案编制、项目论证、经费预算、项目实施过程的监督检查与绩效评估等工作中，发挥专家的决策咨询作用；2007年颁布了《浙江省重大科技专项计划管理（试行）办法》，对项目的立项、经费使用、验收等均做了明确的规定。《浙江省科技计划项目评审行为准则与督查办法》《浙江省科技计划项目监理办法（试行)》等配套政策也相应出台。

④知识产权保护。立足于浙江省经济和科技发展的实际需求，2007年，浙江省颁布《浙江省"十一五"知识产权发展规划纲要》，指出知识产权有关法规、规章的制定在现阶段已经略有滞后，符合当前浙江省省情的知识产权相关法律法规仍然不足，并对"十一五"期间知识产权发展做了总体部署。针对关键技术和重要产品，省科技厅牵头其他八个部门，颁布了《浙江省应掌握自主知识产权的关键技术和重要产品目录》；2008年省科技厅颁布《在科技工作中全面实施知识产权战略的若干意见》进一步指明了科技工作中知识产权保护工作的重要性。

⑤平台建设。2006年浙江省科技厅联合省发改委、省财政厅、省教育厅颁布了《浙江省公共科技条件平台建设纲要》，平台建设的主要任务是与国家科技基础条件平台接轨，并结合地方经济转型升级与创新发展的实际需求，延伸与补充行业专业创新平台和区域科技创新平台，三平台协调发展以推动科技自身发展。2006年省科技厅联合其他八个部门颁布了《浙江省省级行业和区域创新平台建设与管理试行办法》，对行业和区域创新平台的条件和权利义务、组织管理项目立项等做了明确说明，为规范平台运行管理、推进公共服务提供制度保障。

（3）稳定发展阶段：2009—2017年。对浙江省2009—2017年颁布的促进高校科技成果转化科技政策主题词词频进行统计，保留频次大于8次的关键词，见表2-25。

表2-25中37个关键词占关键词总量的82.9%，较好地反映这时期政策的整体情况。为考量各关键词间的相互关系，通过BICOMB 2.0软件建立共词矩阵表格，运用UCINET绘制社会网络图谱，并进行中间中介性分析，如图2-19所示。

表 2 – 25　　　　2009—2017 年浙江省科技政策主题词频次分布

序号	关键字段	出现频次/次	百分比/(%)	累计百分比/(%)
1	资金	74	5.9677	5.9677
2	政策保障	68	5.4839	11.4516
3	管理	66	5.3226	16.7742
4	申报	55	4.4355	21.2097
5	人才队伍	55	4.4355	25.6452
6	目标	53	4.2742	29.9194
7	金融	47	3.7903	33.7097
8	奖励	46	3.7097	37.4194
9	项目	40	3.2258	40.6452
10	高校	38	3.0645	43.7097
11	平台建设	38	3.0645	46.7742
12	高新技术产业	27	2.1774	48.9516
13	监督	26	2.0968	51.0484
14	成果	25	2.0161	53.0645
15	发展重点	23	1.8548	54.9194
16	推荐	23	1.8548	56.7742
17	体制改革	23	1.8548	58.6290
18	转化	22	1.7742	60.4032
19	专家评审	22	1.7742	62.1774
20	创新能力	22	1.7742	63.9516
21	规划	20	1.6129	65.5645
22	可持续	20	1.6129	67.1774
23	知识产权	20	1.6129	68.7903
24	学科建设	19	1.5323	70.3226
25	农业科技	17	1.3710	71.6935
26	产学研合作	17	1.3710	73.0645
27	新兴产业	15	1.2097	74.2742
28	技术市场	15	1.2097	75.4839

续表

序号	关键字段	出现频次/次	百分比/(%)	累计百分比/(%)
29	协同创新	14	1.1290	76.6129
30	引进	12	0.9677	77.5806
31	创新创业	12	0.9677	78.5484
32	机制创新	10	0.8065	79.3548
33	科技中介	10	0.8065	80.1613
34	工程	9	0.7258	80.8871
35	专利	9	0.7258	81.6129
36	服务	8	0.6452	82.2581
37	创新驱动	8	0.6452	82.9032

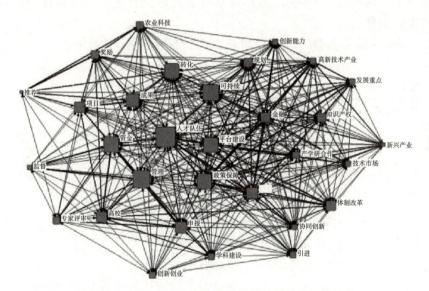

图 2-19 2009—2017 年浙江省科技政策社会网络图谱

由表 2-25 和图 2-19 可知，出现频次最多的主题词与前两个阶段相同，仍为"资金"，出现了 74 次，占比 5.97%，资金依旧是省政府推进科技工作的主要政策工具。但就中介中心性而言，"资金"的中介性较前两个阶段相比已经下降排在了第四位。此外，"政策保障"出现了 68 次，占比 5.48%，其与人才队伍、平台建设、高新技术产业、农业科技等都有密切联系，表明省政府及各部门在促进各类主体科技进步的中，重视提供各类政策保障。"管理"出现了 66 次，占比 5.32%，中介中心度排在第二，与资金的联系最为紧密，表明省政府十分重视科研资金的管理。人才队伍出现了 55 次，占比 4.44%，其中心度最高，表明了其在网络中的重要程度最高，对于资源的控制能力最强。"金融"这一关键词在这一阶段出现了 47 次，占比 3.79%，表明此阶段，省政府十分重视金融工具在科技发展、成果转化中的重要作用，其与高新技术产业、政策保障联系最为紧密，表明在省政府鼓励运用金融工具促进高新技术产业的发展。除此之外，"平台建设""高新技术产业""规划"依旧是这一阶段的科技工作重点，出现频次分别为 38 次、27 次、20 次。"可持续"这一关键词，较上一阶段相比也得到了较大提高，出现了 20 次，占比 1.62%，表明这一阶段，"环保""节能"成为科技发展的重要方向。"技术市场"，这一关键词出现了 15 次，科技技术市场的建设与完善也成为这一阶段的重要主题。

表 2-26 中为 2009—2017 年浙江省颁布的各项具体政策。

表 2-26　　　　　2009—2017 年浙江省颁布各类型代表性政策

政策关注点	标志性政策	主要内容	关键词
科技规划	《浙江省科学技术"十二五"发展规划》(2011)	对"十一五"期间科技事业的全面发展进行了整体规划，提出了到 2015 年的科技发展目标	创新能力；规划；目标；专项；工程；平台建设；创新载体；人才队伍；体制改革；政策保障；技术市场；可持续
资金管理	《浙江省重大科技专项资金竞争性分配管理办法》(2014)	为提高省重大科技专项资金的使用效率，实行竞争性分配	专项；资金；竞争性分配；管理；申报；专家评审；监督
人才队伍	《浙江省人才发展"十三五"规划》(2016)	指出了"十三五"期间省人才工作在重点领域的主要任务	人才队伍；规划；目标；发展重点；体制改革；机制创新；政策保障
高新技术产业	《浙江省人民政府关于进一步加快光伏应用促进产业健康发展的实施意见》(2013)	指出了光伏应用的重点领域，并提出了系列配套支持政策	高新技术产业；目标；发展重点；政策保障；金融

政策关注点	标志性政策	主要内容	关键词
金融支持	《关于进一步推进专利权质押融资工作发展的若干意见》(2015)	为进一步推动专利权质押融资工作向纵深发展，推动科技与金融深度结合，就协同推进机制及完善服务体系提出了明确要求	专利；质押；金融；服务体系
可持续发展	《关于印发浙江省环境保护"十二五"科技发展规划的通知》(2011)	为加强环境保护相关领域的科学研究，依靠科技进步和创新，推动环保优化发展，对"十二五"期间环境保护科技发展作出了全面规划	环保；规划；目标；创新能力；创新载体；政策保障
技术市场	《浙江省人民政府办公厅关于印发培育技术市场和促进技术成果交易专项行动五年计划（2013—2017年）的通知》(2013)	为促进科技成果转化，提出了技术市场建设的主要任务及政策保障措施	技术市场；科技中介；平台建设

①科技规划。科技规划仍然是各类科技政策的"主心骨"，此阶段的科技规划内容更加全面，涵盖了经济发展规划如《浙江省国民经济和社会发展第十三个五年规划纲要》、人才发展规划如《浙江省人才发展"十三五"规划》、产业发展规划如《浙江省电子信息产业"十三五"发展规划》、教育发展规划如《浙江省高等教育"十三五"发展规划》等，这些科技政策的颁布，为科技发展领域指明了方向，也为其他各项科技政策的颁布提供了依据。

②资金管理。这一阶段，资金政策工具依旧是最为主要的政策工具之一，为加强对科研经费管理，省科技厅联合省财政厅及其他相关部门颁布一系列相关政策，主要做法可归为三点：一是改革不适应创新发展的科技体制。浙江省于2014年底印发《关于改进加强省级财政科研项目和资金管理若干意见的通知》，开始实行科研项目的分类管理，根据不同科研项目在类别上的区分，采取不同的管理办法。二是进一步完善资源的配置方式，并改善相关的管理流程，为此，浙江省出台《浙江省重大科技专项竞争性分配管理办法》，以及《浙江省科技计划项目验收管理办法》等文件，明确科研项目的评审流程。三是进一步推进大众创业和万众创新，推

动高新技术孵化器和众创空间的建设，并且出台了《浙江省省级科技型中小企业扶持专项资金管理办法》。

③人才队伍。浙江省人才强省战略布局进一步完善，2012 年颁布的《浙江省人才发展"十二五"规划》提出了包括"151 人才工程""高技能人才培养计划""百千万科技创新人才工程""千人计划"等在内的十三个重大人才工程。此外，各类人才培养及发展平台也得到进一步发展。在政府牵头下，打造了杭州未来科技城、海外高层次人才创业创新基地、青山湖科技城、特色小镇、"千人计划"产业园等一批人才高地。人才培养的政策体系得到了完善。以人才管理的改革试验区为基础，进一步深化人才管理体制的改革，先后推出了"人才+资本"、浙江红卡、职称评审改革等一系列人才政策，人才红利得到了进一步释放。

④高新技术产业。省政府及省经济和信息化委员会等主要部门在这一阶段颁布一系列高新技术产业发展规划。与上一阶段相比，这一阶段颁布的产业规划更加细致，多为具有针对性的产业规划。如 2009 年颁布的《浙江省人民政府办公厅关于加快光伏等新能源推广应用与产业发展的意见》、2012 年颁布的《浙江省人民政府关于促进地理信息产业加快发展的意见》、2013 年颁布的《浙江省氟硅新材料产业技术创新综合试点工作方案》等，针对不同产业，还配套了各项政策保障措施。

⑤金融支持。2011 年，浙江杭州、宁波、湖州、温州四地作为科技金融结合试点，获得了科技部、中国人民银行、中国银监会、中国证监会和中国保监会的正式批复。2011 年省科技厅联合其他八个部门颁布了《关于进一步促进科技与金融结合的若干意见》，指出了金融支持科技发展的重点领域、主要方式和主要措施；2015 年颁布了《关于进一步推进专利权质押融资工作发展的若干意见》，就协同推进机制及完善服务体系提出了明确要求。"十二五"以来，各市、县积极效仿跟进，在全省范围内基本建立了科技金融结合的工作机制，初步形成了全省支持自主创新的科技金融政策体系。

⑥可持续发展。在关键词构建过程中，"可持续"主要包括"节能""环保""生态"等，环境生态保护、节能减排是这一阶段浙江省科技工作的重要议题。2011 年浙江省环保厅颁布了《关于印发浙江省环境保护"十二五"科技发展规划的通知》，对"十二五"期间环境保护科技发展作出了全面规划，环境保护与科技的融合日益加强。在各类高新

技术产业及经济发展规划之中，节能减排与环境保护也成为创新发展的重要指标。

⑦技术市场。"十二五"以来，浙江省相继颁布《关于进一步培育和规范浙江网上技术市场的若干意见》《培育技术市场和促进技术成果交易专项行动五年计划（2013—2017）》等促进科技市场建设的专项政策，这一阶段成为浙江省技术市场完善的重要时期。2012 年，建立集"展示、交易、交流、合作、共享"五位一体的浙江科技大市场，并于 2014 年 12 月启用，此外，市县科技大市场建设试点工作和重点科技中介服务机构建设、技术经纪人培养也被提上日程。

6. 浙江省促进高校科研成果转化的科技政策体系

通过对 1996—2017 年浙江省颁布的促进高校科技成果转化科技政策历史演进分析，浙江省正逐步形成了促进科技成果转化的政策体系。涵盖了科技发展规划、成果奖励办法、创新载体建设、人才队伍培养等诸多方面，综合运用了队伍与人事、资金投入、教育教学改革、金融支持、税收优惠、知识产权、收益分配等政策工具，从需求拉动、供给推动和环境保障三个方面推动浙江省高校科技成果转化进程。浙江省促进高校科研成果转化的科技政策体系可划为三个层次，分别为：战略层、中间层及工具层。战略层为各类科技规划与计划，中间层为各类专项政策，工具层则为所有科技政策使用的政策工具。在进行 BICOMB 标准化编码过程中，已对各个阶段各项政策的引用情况进行了记录，被引用次数越多，说明某条政策对其他政策越具有指导意义，其在政策体系中的层级也就越高，见表 2 - 27。

表 2 - 27 　　　　1996—2017 年浙江省高被引用科技政策

序号	关键字段	被引频次/次	百分比/（%）	累计百分比/（%）
1	《中共浙江省委关于认真贯彻党的十七大精神扎实推进创业富民创新强省的决定》	29	9.6667	9.6667
2	"八八战略"	19	6.3333	16.0000
3	《浙江省科学技术奖励办法》	16	5.3333	21.3333
4	《中共浙江省委关于全面实施创新驱动发展战略　加快建设创新型省份的决定》	11	3.6667	25.0000

续表

序号	关键字段	被引频次/次	百分比/（%）	累计百分比/（%）
5	《浙江省科技强省建设与"十一五"科学技术发展规划纲要》	10	3.3333	28.3333
6	《关于深入实施科教兴省战略，加速科技进步的若干意见》	8	2.6667	31.0000
7	《中共浙江省委关于全面实施创新驱动发展战略　加快建设创新型省份的决定》	6	2.0000	33.0000
8	《浙江省人民政府关于印发自主创新能力提升行动计划的通知》	6	2.0000	35.0000
9	《浙江省科学技术奖励办法实施细则（修订）》	6	2.0000	37.0000
10	《浙江省科学技术奖励办法实施细则》	5	1.6667	38.6667
11	《浙江省农业科技成果转化推广奖励办法》	5	1.6667	40.3333
12	《浙江省省级科技项目经费管理暂行办法》	5	1.6667	42.0000
13	《浙江省中长期教育改革和发展规划纲要（2010—2020年）》	5	1.6667	43.6667

表 2 - 27 为 1996—2017 年浙江省总被引频次大于 5 次的政策列表，除去规划类政策之外，可以看到奖励办法及经费管理纲领性政策被引用较为频繁，共计 5 条，这主要是因为自奖励资金及经费设立以来，几乎每年都会进行评选，而这些评选的科技政策多会引用管理办法作为主要依据。去除这 5 条非战略规划类科技政策，剩下被引频次较高的 8 条科技政策，这 8 条科技政策在 1996—2017 年，对其他科技政策具有重要的指导作用，位居科技政策体系的战略层，见表 2 - 28。

表 2 - 28　　　　　1996—2017 年浙江省高被引用战略层科技政策

序号	关键字段	被引频次/次	百分比/（%）
1	《中共浙江省委关于认真贯彻党的十七大精神扎实推进创业富民创新强省的决定》	29	9.6667
2	"八八战略"	19	6.3333

序号	关键字段	被引频次/次	百分比/（%）
3	《中共浙江省委关于全面实施创新驱动发展战略　加快建设创新型省份的决定》	11	3.6667
4	《浙江省科技强省建设与"十一五"科学技术发展规划纲要》	10	3.3333
5	《关于深入实施科教兴省战略，加速科技进步的若干意见》	8	2.6667
6	《中共浙江省委关于全面实施创新驱动发展战略　加快建设创新型省份的决定》	6	2.0000
7	《浙江省人民政府关于印发自主创新能力提升行动计划的通知》	6	2.0000
8	《浙江省中长期教育改革和发展规划纲要（2010—2020 年)》	5	1.6667

　　分析浙江省科技政策历史演进，可将浙江省综合层的政策类型主要归为 10 个，分别是法规条例、科技奖励、人才队伍、资金与项目管理、高新技术产业、知识产权保护、创新载体建设、科技体制改革、教育教学改革、税收与金融支持，将所搜集的综合层科技政策（除科技规划）根据政策编号进行分类，见表 2 – 29。

表 2 – 29　　　　1996—2007 年浙江省综合层科技政策归类表

政策类型	所含政策编号
法规条例	2、3、11、20、25、41、42、57、59、78、79、90、92、146、156、169、208、279、295、307、335、359
科技奖励	24、27、64、65、71、73、95、99、123、124、125、139、140、148、149、153、154、155、160、163、173、175、177、185、195、201、202、213、215、224、234、235、248、249、257、258、278、280、289、290、296、301、306、310、326、357、365、374
人才队伍	32、33、48、58、76、81、87、101、112、121、135、150、152、166、176、180、218、227、246、247、252、283、294、300、305、336、340、342、349、352、353、356、363、367、370、376
资金与项目管理	13、18、19、21、22、23、26、28、29、30、34、35、38、40、44、47、49、50、51、52、63、67、77、82、84、88、93、105、106、115、116、118、126、127、128、129、130、134、136、141、142、147、157、170、172、178、204、210、220、222、223、228、233、241、244、250、255、261、262、263、268、277、284、286、287、304、311、312、313、314、317、318、323、325、346、360、361、362、364、377

政策类型	所含政策编号
高新技术产业	7、10、12、14、16、36、39、43、55、56、60、75、104、108、111、131、132、133、145、151、158、161、171、179、181、182、184、187、190、192、194、196、197、198、200、203、207、209、221、213、236、237、240、242、243、245、251、253、259、269、272、273、297、298、303、320、324、334、344、348、351、355、366、373
知识产权保护	17、46、72、80、91、96、97、98、109、113、159、186、193、226、265、266、267、270、292、302、319、331、347、369
创新载体建设	9、15、31、37、45、53、62、69、94、102、103、107、110、114、143、144、162、167、168、219、225、238、254、260、264、271、281、285、291、293、321、322、329、330、337、339、341、368、371、372
科技体制改革	1、4、54、70、288、354
教育教学改革	8、83、85、86、89、100、119、120、122、137、138、165、174、183、189、191、205、206、212、214、229、230、239、256、274、275、299、308、315、316、333、345、358
税收与金融支持	5、6、61、117、211、309、328、375

工具层即对于促进高校科技成果转化科技政策的政策工具划分,供给类政策工具包括:队伍建设、人事改革、资金支持、平台建设、教育教学改革;需求类政策工具包括:政府采购、校企合作、产业技术需求、中介机构、项目外包;环境类政策工具包括:金融政策、税收优惠、知识产权、法规管制、收益分配。

为推动浙江省地方高校科技进步与成果转化,提高其服务于浙江创新驱动发展的能力,浙江省出台了一系列科技政策,这些科技政策从资源支持、市场培育、环境保障三个方面直接或间接的推动高校科研成果转化。最高层为科技规划,主要包括上文的八条科技规划,作为战略层,对其他科技政策具有宏观的指导意义;综合层为十种主要类型的科技政策,这些政策为促进高校科技成果转化的主体内容;基本层为供给类、需求类、环境类政策工具,从资源、市场、环境三个方面满足高校科技成果转化需求。依据对三个层次科技政策的总结,并结合高校科技成果转化的实际需求,浙江省促进高校科技成果转化的科技政策体系如图2-20所示。

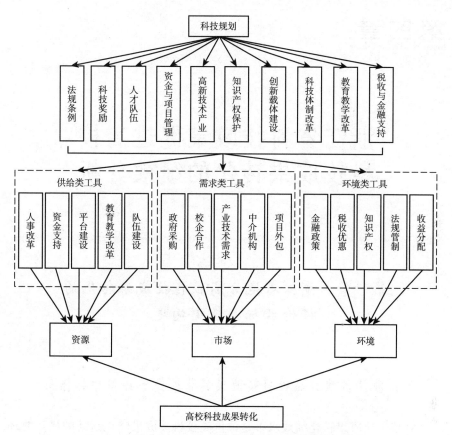

图 2 – 20 浙江省促进高校科技成果转化科技政策体系

第三章

浙江省科技政策促进高校
科技成果转化的绩效分析

第一节　浙江省地方高校科技成果转化的
　　　　评价指标与模型构建

一、浙江省地方高校科技成果转化的绩效评价指标体系

高校科技成果转化绩效水平是评价高校科技成果转化活动的最重要环节，但高校科技成果转化绩效并不能仅用转化这一单一指标来看待，就其转化过程来看，主要可分为三个主要阶段，科技资源投入（含经费与人力）、科技成果产出，以及科技成果转化。高校的科技成果转化，首先是一种投入与产出的活动，高校需要投入相应的科研经费及科研人力才能开展调查、实验等科研活动，在此基础上才能产出科技成果，这些科技成果的产出状况虽然能够在一定程度上反映出高校的科技创新能力，但是必须实现与产业的对接，才能真正转化为现实生产力，从而推动地方的创新发展，服务于经济的转型升级。

为全面反映浙江省高校科技成果转化的绩效情况，将科技成果转化投入、产出、转化均作为评价指标之一。在系统、科学、可行性原则指导之下，建立了浙江省高校科技成果转化绩效评价指标，见表 3 - 1。数据主要来自教育部科学技术司每年颁布的《高校科技统计资料汇编》，由于地方高校科技活动数据自 2004 年开始统计，故相关数据的统计年份为

2004—2016 年；此外，将江苏省、上海市地方高校科技成果转化数据作为比较项是为能够横向比较浙江省高校科技成果转化的现状，了解当前浙江省高校科技的综合实力。

表 3 - 1 　　　　　　　浙江省地方高校科技成果转化绩效评价指标

指标类型	指标名称	单位
科技投入	研究与发展全时人员	人/年
	研究与发展经费	千元
科技成果产出	科技成果获奖	项
	出版科技专著	部
	发表学术论文	篇
科技成果转化	专利申请	项
	专利授权	项
	专利出售当年实际收入	千元
	技术转让当年实际收入	千元

二、浙江省科技政策促进高校科技成果转化的模型构架

（一）研究理论基础——灰色系统理论

在控制相关理论之中，人们常常用颜色来代表系统各因素的明确程度，与"白"相对，"黑"常常表示未知的事物，而"灰"则多代表信息不完全已知，大部分信息未知。1982 年，中国著名学者邓聚龙教授创立了灰色系统理论（Grey System Theory），"灰色系统"的提出，打破了人们对"黑色系统"，以及"白色系统"的简单划分，它以"部分信息已知，部分信息未知"的"小样本""贫信息"不确定性系统为研究对象，主要通过对"部分"已知信息的生成、开发，提取有价值的信息，实现对系统运行行为、演化规律的正确描述和有效监控[①]。经过不断地完善与发展，灰色系统理论已经建立起包括分析与评估、建模、预测、决策、控制、优化技术于一体的一门新兴学科，与概率统计、模糊统计一起成为了一种被

① 邓聚龙. 灰理论基础 [M]. 武汉：华中科技大学出版社，2002.

广泛运用的不确定性方法，充分利用已经占有的"最少信息"是灰色系统理论的基本原理之一，"小样本""贫信息"是其研究对象的主要特点。灰色关联分析是灰色系统理论的主要内容，笔者在灰色系统理论的基础之上采用了灰色关联度分析方法。

专项科技政策具有非常明确的政策目标，使用的政策工具也较为明确，政策所带来的资源也较利于衡量，故其绩效评估具有较强的可操作性，通常经过事实判断，即能对该项政策的实施效果进行大致评价。以浙江重中之重学科建设为例，"十二五"期间，先后有14个学科被批准为"十二五"浙江省重中之重一级学科，20个学科为"十二五"浙江省重中之重学科，建设期均为5年，省财政每年对每个学科建设提供经费补助，以政策引导的学科建设，即为目标明确的专项政策，对这一政策绩效评价，只需在建设周期结束时，考察建设初期所设立的学科建设的各项指标完成情况即可。以浙江省高校产学研联盟中心及浙江省网上技术大市场为例，以政策引导的科技成果转化平台建设，同样具有明确的政策目标，对这一类科技政策的绩效评估，只需对转化平台的建设成效进行考察即可。

然而非专项科技政策的绩效评估则具有较大的模糊性，主要有以下几个原因。一是政策目标及政策工具的多样性，普适性科技政策的政策目标范围较广，通常对科技发展的多方面提出规划，与此同时，综合使用多种政策工具以促进政策目标的达成，而这些政策工具通常只是定性的描述，无法定量衡量该项政策所带来的资源。二是政策实施过程的复杂性，科技政策从制定，到颁布实施，以及发挥效用，要经过较为复杂的过程，且影响因素较多，在对其绩效进行评价的过程中，无法准确把握其对实施效果产生影响的各个因素。三是高校科技成果转化受多因素影响，既包括成果特性、转化意愿、科研管理体制、科研经费、人员考核方式、创新动力、创新实力等内部因素，也包括中介服务能力、政策与制度、社会氛围、区域经济水平等外部因素。科技政策虽然是影响高校科技成果转化最重要的外生变量，但并不是唯一变量。因此，非专项科技政策绩效评估的灰色特性，结合本研究的"小样本""贫信息"的数据特点，采用灰色关联度分析方法，能够更加客观分析科技政策各变量与高校科技成果转化各变量之间的数量关系的动态历程。

（二）研究方法——灰色关联度分析法

灰色关联度分析方法是灰色系统理论的一个分支，它从信息的非完备性出发，来研究复杂系统中各个因素之间的关系。根据因素之间图形相似程度判断变量间的关系。这种方法在样本较小、信息较不确定的系统之中，能够通过序列计算它们之间的关联程度，从而寻找隐藏的信息。灰色关联度的基本思想是：根据时间序列所对应曲线的几何形状相似程度来判断它们之间的联系是否紧密。若序列的曲线几何图形越接近，则序列之间的关联度越大，反之则越小。1982 年邓聚龙创立了灰色系统理论，并提出了邓式灰色关联度计算方法。

其计算方法为，先将参考序列和比较序列进行无纲量化，记为 $Y_0(t)$ 与 $X_i(t)$，其中，t 为序列的第 t 项，$k = 1，2，\cdots，P(P \in 整数)$；$i$ 为比较序列的序列号，$i = 1，2，\cdots，N(N \in 整数)$。分别计算参考数列与比较序列的绝对差

$$\Delta_{0i} = \left| Y_0(t) - X_i(t) \right|$$

接着，对绝对差序列求解两级最大与最小值

$$\Delta_{max} = \text{maxmax}\Delta_{0i}$$

$$\Delta_{min} = \text{minmin}\Delta_{0i}$$

根据计算的绝对差序列与两级最大最小值，计算比较序列与参考序列对应元素的关联系数，计算公式为

$$r(X_i(t)，Y_0(t)) = \frac{\Delta_{min} + \rho\Delta_{max}}{\Delta_{0i}(t) + \rho\Delta_{max}}$$

其中 $\Delta_{xy}(t)$ 表示各绝对差序列第 t 项的值，ρ 为分辨系数，在 (0，1) 之间取值，若 ρ 越小，则关联系数的差异越大，区分能力越强，一般取 ρ 为 0.5。

最后计算的结果为各项比较数列与参考数列各值的关联系数，其均值即为该项比较数列与参考序列的综合关联系数

$$R(X_i，Y_0) = \frac{1}{n} \sum_{t=1}^{n} r(X_i(t)，Y_0(t))$$

在计算邓式灰色关联度的过程中发现如下问题：关联系数不仅仅受极大值和极小值的影响，还受样本量，以及值大小的影响。在本书中，科技政策变量及科技成果相关变量存在较大差异，受极大值与极小值的影响较大。

为克服邓式灰色关联度存在的问题，学者陆续提出了灰色相对关联度和绝对关联度两种方法。灰色绝对关联度表示序列与值间的关联程度，其值与序列之间的几何形状有关，两者在几何图形上越相似，相对应的绝对

关联度就会越大，与序列的空间无关。灰色相对关联度表示序列之间相对于始点的变化速率之间的关系，两者的变化速率越接近，其相对关联度就会越高，反之则越低。灰色综合关联度是对两者的综合，它既体现了序列之间几何图形的相似程度，也能够反映出其相对于始点的变化速率的接近程度，相对而言，能够更加全面地表现出序列之间的关系。根据不同灰色关联度计算方法的优缺点，并在结合数据特点的基础上，笔者选择灰色综合关联度计算科技政策变量与科技成果转化变量间的关联度。

（三）变量测量

1. 科技政策变量测量

首先计算出历年新增政策力度、政策工具的总量

$$TLD_t = \sum_{n=1}^{N} LD_{tn}$$

$$TGJ_t = \sum_{n=1}^{N} GJ_{tn}$$

LD_{tn} 表示第 t 年第 n 条政策的力度；TLD_t 表示第 t 年当年颁布所有政策力度的总和。GJ_{tn} 表示第 t 年第 n 项政策所含各类政策工具的数量；TGJ_t 指第 t 年当年颁布所有科技中各类政策工具的总量。

历年政策新增情况并不能够完全反映出该年政策作用的实际情况，因为一项政策如果未经废止，就会一直对目标对象产生影响，所以发挥作用的不仅仅是当年政策数量、力度、工具的新增数量，还包括历年颁布的未经废止的政策。故利用以下公式计算历年实际作用科技政策的存量、力度及政策工具

$$NCL_t = NCL_{t-1} + CL_t \quad t \in [1996，2017]$$

$$NTLD_t = NTLD_{t-1} + TLD_t \quad t \in [1996，2017]$$

$$NTGJ_t = NTGJ_{t-1} + TGJ_t \quad t \in [1996，2017]$$

其中，NCL_t 表示第 t 年，实际产生作用的政策存量总量；$NTLD_t$ 表示第 t 年，实际产生作用的政策力度总量；NGJ_t 表示第 t 年，实际产生作用的各类政策工具总量。政策是否废止，以对应政策废止条款为准，如《浙江省科学技术厅关于公布行政规范性文件清理结果的通知》等。对于"项目申报"类如《浙江省科学技术厅关于 2003 年浙江省科学技术奖重大贡献奖推荐工作的通知》等及"暂时性活动"类如《浙江省教育厅办公室关于开展 2007 年"保护知识产权宣传周"活动的通知》等，虽没有对应政策对其是否继续有效或废止进行说明，但其作用时间较短，故将其作用

时限限定为"当年有效"。

2. 模型变量说明

为科学全面评价浙江省科技政策促进高校科技成果转化的绩效水平，在浙江省科技政策促进高校科技成果转化绩效评价指标体系的基础上进行灰色关联度分析的变量设定，见表3－2。

表3－2　　浙江省科技政策促进高校科技成果转化绩效评价指标

变量类型	变量名称	变量代码	变量定义
被解释变量	科技投入	YFRY	研究与发展全时人员
		YFJF	研究与发展经费
	科技成果产出	CGHJ	科技成果获奖
		KJZZ	出版科技专著
		XSLW	发表学术论文
	科技成果转化	ZLAP	专利申请数
		ZLSQ	专利授权数
		ZLCS	专利出售当年实际收入
		JSZR	技术转让当年实际收入
解释变量	政策存量	NCL	政策存量
	政策力度	NTLD	政策力度
	政策工具	GJZC	供给政策工具
		XQZC	需求政策工具
		HJZC	环境政策工具

被解变量包括科技投入、科技成果产出与科技成果转化三个部分，将投入与产出也纳入指标是因为科技投入与成果产出是进行科技成果转化的必经步骤，高校只有在获得较多的科研投入的基础上，才能进行研发活动，取得的科研产出才能具备科技成果转化必备的知识资源。

3. 模型变量计算

（1）确定分析数列。选取2004—2016年，浙江省地方高校科技投入两个指标：研究与发展全时人员、研究与发展经费。科技成果产出三个指标：科技成果获奖数、出版科技专著、发表学术论文。科技成果转化四个指标：专利申请数、专利授权数、专利出售当年实际收入、技术转让当年实际收入。科技政策五个指标：政策存量、政策力度、供给类政策工具、需求类政策工具、环境类政策工具。由于政策颁布的滞后性，在此，假定政策在颁布 1 年之后发挥作用较大，选取 2003—2015 年的政策存量、政策力度与政策工具数据。形成 14 个指标矩阵，见表 3 - 3 ~ 表 3 - 5。

表 3 - 3　　　浙江省地方高校科技成果转化绩效各指标原始数据

年份	研究与发展全时人员	研究与发展经费	科技成果获奖	出版科技专著	发表学术论文	专利申请	专利授权	专利出售当年实际收入	技术转让当年实际收入
2004	3274	310213	1	378	10591	174	38	2400	3857
2005	4037	409463	4	344	10714	398	127	805	3209
2006	3856	499136	0	298	11075	591	245	2150	3645
2007	4011	572968	3	238	11466	758	258	12585	7101
2008	4206	617163	4	284	12479	1485	408	4265	7801
2009	4582	705659	9	275	13963	2212	941	6297	25367
2010	4501	827842	11	325	14364	3618	1964	3820	4815
2011	4822	922041	5	223	15419	4660	3402	4957	3386
2012	5271	1298125	4	229	19695	6281	4114	26081	120720
2013	5602	1451838	5	343	18418	7779	5914	7900	6206
2014	5843	1557415	3	282	18354	9203	7034	4700	65690
2015	5632	1387205	6	212	16750	9202	6026	8281	16756
2016	6532	1560996	4	361	17979	12397	10004	12081	39847

表 3 - 4　　　浙江省促进高校科技成果转化科技政策各指标原始数据

年份	政策存量	政策力度	供给类政策工具	需求类政策工具	环境类政策工具
2003	37	83	66	36	52
2004	45	106	82	48	66
2005	53	125	103	56	68
2006	63	145	128	69	95
2007	87	182	173	81	115

续表

年份	政策存量	政策力度	供给类政策工具	需求类政策工具	环境类政策工具
2008	113	222	230	97	145
2009	132	258	260	107	178
2010	144	285	286	120	200
2011	166	331	335	147	226
2012	186	370	381	169	250
2013	214	410	433	189	275
2014	209	406	433	196	279
2015	230	441	470	201	301
2016	243	473	516	217	337
2017	255	491	544	223	351

表3-5　浙江省促进高校科技成果转化科技政策政策工具各指标原始数

年份	队伍建设	人事改革	资金支持	平台建设	教育教学改革	政府采购	校企合作	产业技术需求	中介机构	项目外包	金融政策	税收优惠	知识产权	法规管制	收益分配
2003	14	6	30	11	5	3	8	14	9	2	5	8	11	18	10
2004	18	8	36	14	6	4	11	18	11	4	7	10	14	24	11
2005	25	8	43	19	8	4	13	21	13	5	10	10	15	21	12
2006	32	10	51	24	11	7	15	24	17	6	13	13	20	34	15
2007	42	13	67	34	17	8	17	29	18	9	16	13	26	42	18
2008	55	17	89	45	24	12	21	34	21	9	20	19	33	52	21
2009	64	17	101	49	29	15	23	37	23	9	26	26	38	63	25
2010	68	19	110	57	32	16	24	40	27	9	29	29	43	71	28
2011	82	20	125	69	39	22	34	51	31	9	38	35	49	74	30
2012	91	23	139	83	45	25	42	57	34	11	42	41	53	79	35
2013	105	26	160	92	50	26	45	66	40	12	47	43	59	90	36
2014	105	26	156	94	52	29	47	67	42	11	50	46	59	85	39
2015	113	27	167	105	58	32	47	68	42	12	56	49	61	94	41
2016	126	30	178	116	66	35	51	72	46	13	65	56	70	96	50
2017	132	32	189	124	67	35	52	76	48	12	70	58	73	99	51

（2）确定参考序列与比较序列。根绝研究目的，将参考数列（也称作母序列）设定为科技投入指标共两个，分别为：研究与发展全时人员（Y_1）、研究与发展经费（Y_2）；科技成果产出指标共三个：科技成果获奖数（Y_3）、出版科技专著（Y_4）、发表学术论文（Y_5）；科技成果转化指标四个：专利申请数（Y_6）、专利授权数（Y_7）、专利出售当年实际收入（Y_8）、技术转让当年实际收入（Y_9）。将比较序列（也称作子序列）设定为科技政策相关指标共计五个，分别为政策存量（X_1）、政策力度（X_2）、供给类政策工具（X_3）、需求类政策工具（X_4）、环境类政策工具（X_5）。

（3）计算灰色绝对关联度。

①始点零化处理。设高校科技成果转化参考序列为 $Y_0(t)$，$Y_0 = \{Y_0(1)$，$Y_0(2)$，…，$Y_0(n)\}$，设比较序列为科技政策 $X_i(t)$，$X_i = \{X_i(1)$，$X_i(2)$，…，$X_i(n)\}$，两者均为 1 的时距数列。其始点零化为

$$Y_0^0(t) = Y_0(t) - Y_0(1)$$
$$X_1^0 = X_i(t) - X_i(1)$$

其中 $Y_0(t)$ 和 $X_i(t)$ 表示序列 Y_i 和 X_i 在第 t 年的值。Y_0 与 X_i 的始点零化像见表 3-6 ~ 表 3-8。

表 3-6　　　　浙江省高校科技成果转化绩效各指标数据始点零化像

年份	研究与发展全时人员	研究与发展经费	科技成果获奖	出版科技专著	发表学术论文	专利申请	专利授权	专利出售当年实际收入	技术转让当年实际收入
2004	0	0	0	0	0	0	0	0	0
2005	763	99250	3	−34	123	224	89	−1595	−648
2006	582	188923	−1	−80	484	417	207	−250	−212
2007	737	262755	2	−140	875	584	220	10185	3244
2008	932	306950	3	−94	1888	1311	370	1865	3944
2009	1308	395446	8	−103	3372	2038	903	3897	21510
2010	1227	517629	10	−53	3773	3444	1926	1420	958
2011	1548	611828	4	−155	4828	4486	3364	2557	−471

年份	研究与发展全时人员	研究与发展经费	科技成果获奖	出版科技专著	发表学术论文	专利申请	专利授权	专利出售当年实际收入	技术转让当年实际收入
2012	1997	987912	3	−149	9104	6107	4076	23681	116863
2013	2328	1141625	4	−35	7827	7605	5876	5500	2349
2014	2569	1247202	2	−96	7763	9029	6996	2300	61833
2015	2358	1076992	5	−166	6159	9028	5988	5881	12899
2016	3258	1250783	3	−17	7388	12223	9966	9681	35990

表3－7　　浙江省促进高校科技成果转化科技政策各指标数据始点零化像

年份	政策存量	政策力度	供给类政策工具	需求类政策工具	环境类政策工具
2003	0	0	0	0	0
2004	8	23	16	12	14
2005	16	42	37	20	16
2006	26	62	62	33	43
2007	50	99	107	45	63
2008	76	139	164	61	93
2009	95	175	194	71	126
2010	107	202	220	84	148
2011	129	248	269	111	174
2012	149	287	315	133	198
2013	177	327	367	153	223
2014	172	323	367	160	227
2015	193	358	404	165	249

表 3 – 8 　　　　　浙江省促进高校科技成果转化科技政策
各类政策工具指标数据始点零化像

年份	队伍建设	人事改革	资金支持	平台建设	教育教学改革	政府采购	校企合作	产业技术需求	中介机构	项目外包	金融政策	税收优惠	知识产权	法规管制	收益分配
2003	0	0	0	0	0	0	0	0	0	0	0	0	0	0	0
2004	4	2	6	3	1	1	3	4	2	2	2	2	3	6	1
2005	11	2	13	8	3	1	5	7	4	3	5	2	4	3	2
2006	18	4	21	13	6	4	7	10	8	4	8	5	9	16	5
2007	28	7	37	23	12	5	9	15	9	7	11	5	15	24	8
2008	41	11	59	34	19	9	13	20	12	9	15	11	22	34	11
2009	50	11	71	38	24	12	15	23	14	9	21	18	27	45	15
2010	54	13	80	46	27	13	20	26	18	7	24	21	32	53	18
2011	68	14	95	58	34	19	26	37	22	7	33	27	38	56	20
2012	77	17	109	72	40	22	34	43	25	9	37	33	42	61	25
2013	91	20	130	81	45	23	37	52	31	10	42	35	48	72	26
2014	91	20	126	83	47	26	39	53	33	9	45	38	48	67	29
2015	99	21	137	94	53	29	39	54	33	10	51	41	50	76	31

②计算 $|s_0|$、$|s_i|$ 与 $|s_i - s_0|$ 的值。在对数据进行始点零化像之后，分别 $|s_0|$、$|s_i|$、$|s_i - s_0|$ 计算的值

$$|s_0| = \left| \sum_{t=2}^{n-1} Y_0^0(t) + \frac{1}{2} Y_0^0(n) \right|$$

$$|s_i| = \left| \sum_{t=2}^{n-1} X_i^0(t) + \frac{1}{2} X_i^0(n) \right|$$

$$|s_i - s_0| = \left| \sum_{t=2}^{n-1} [X_i^0(t) - Y_0^0(t)] + \frac{1}{2} [X_i^0(n) - Y_0^0(n)] \right|$$

其中，$Y_0^0(n)$ 为序列 $Y_0^0(t)$ 在 $t = n$ 时的值，$X_i^0(n)$ 为序列 $X_i^0(t)$ 在 $t = n$ 时的值，即两个序列的最后一个值。

以科技政策存量（X_1）和科技成果获奖（Y_3）为例，将两个等距时

间数列进行始点零化之后，可计算出 $|s_0|$、$|s_i|$ 与 $|s_i - s_0|$ 的值

$$|s_0| = \left| \sum_{t=2}^{12} Y_1^0(t) + \frac{1}{2} Y_1^0(13) \right| = 44.5$$

$$|s_1| = \left| \sum_{t=2}^{12} X_1^0(t) + \frac{1}{2} X_1^0(13) \right| = 1101.5$$

$$|s_1 - s_0| = \left| \sum_{t=2}^{12} (X_1^0(t) - Y_1^0(t)) + \frac{1}{2} (X_1^0(13) - Y_1^0(13)) \right| = 1057$$

③计算灰色绝对关联度

$$\varepsilon_1 = \frac{1 + |s_0| + |s_i|}{1 + |s_0| + |s_i| + |s_i - s_0|} = \frac{1 + 44.5 + 1101.5}{1 + 44.5 + 1101.5 + 1057} = 0.5204$$

（4）计算灰色相对关联度。

①初值化处理。已知高校科技成果转化数据及科技政策数据为初始值不为 0 的数据，可进行初值化处理，公式为

$$Y_0' = Y_0(t)/Y_0(1)$$
$$X_i' = X_i(t)/X_i(1)$$

初值化之后见表 3-9 ~ 表 3-11。

表 3-9　　　　浙江省地方高校科技成果转化各指标数据初值像

年份	研究与发展全时人员	研究与发展经费	科技成果获奖	出版科技专著	发表学术论文	专利申请	专利授权	专利出售当年实际收入	技术转让当年实际收入
2004	1.0000	1.0000	1	1.0000	1.0000	1.0000	1.0000	1.0000	1.0000
2005	1.2330	1.3199	4	0.9101	1.0116	2.2874	3.3421	0.3354	0.8320
2006	1.1778	1.6090	0	0.7884	1.0457	3.3966	6.4474	0.8958	0.9450
2007	1.2251	1.8470	3	0.6296	1.0826	4.3563	6.7895	5.2438	1.8411
2008	1.2847	1.9895	4	0.7513	1.1783	8.5345	10.7368	1.7771	2.0226
2009	1.3995	2.2748	9	0.7275	1.3184	12.7126	24.7632	2.6238	6.5769
2010	1.3748	2.6686	11	0.8598	1.3562	20.7931	51.6842	1.5917	1.2484
2011	1.4728	2.9723	5	0.5899	1.4559	26.7816	89.5263	2.0654	0.8779
2012	1.6100	4.1846	4	0.6058	1.8596	36.0977	108.2632	10.8671	31.2989

续表

年份	研究与发展全时人员	研究与发展经费	科技成果获奖	出版科技专著	发表学术论文	专利申请	专利授权	专利出售当年实际收入	技术转让当年实际收入
2013	1.7111	4.6801	5	0.9074	1.7390	44.7069	155.6316	3.2917	1.6090
2014	1.7847	5.0205	3	0.7460	1.7330	52.8908	185.1053	1.9583	17.0314
2015	1.7202	4.4718	6	0.5608	1.5815	52.8851	158.5789	3.4504	4.3443
2016	1.9951	5.0320	4	0.9550	1.6976	71.2471	263.2632	5.0338	10.3311

表 3 – 10　　　　　浙江省促进高校科技成果转化科技政策
各指标数据初值像

年份	政策存量	政策力度	供给类政策工具	需求类政策工具	环境类政策工具
2003	1.0000	1.0000	1.0000	1.0000	1.0000
2004	1.2162	1.2771	1.2424	1.3333	1.2692
2005	1.4324	1.5060	1.5606	1.5556	1.3077
2006	1.7027	1.7470	1.9394	1.9167	1.8269
2007	2.3514	2.1928	2.6212	2.2500	2.2115
2008	3.0541	2.6747	3.4848	2.6944	2.7885
2009	3.5676	3.1084	3.9394	2.9722	3.4231
2010	3.8919	3.4337	4.3333	3.3333	3.8462
2011	4.4865	3.9880	5.0758	4.0833	4.3462
2012	5.0270	4.4578	5.7727	4.6944	4.8077
2013	5.7838	4.9398	6.5606	5.2500	5.2885
2014	5.6486	4.8916	6.5606	5.4444	5.3654
2015	6.2162	5.3133	7.1212	5.5833	5.7885

表 3 – 11　浙江省促进高校科技成果转化科技政策各类政策工具指标数据初值像

年份	队伍建设	人事改革	资金支持	平台建设	教育教学改革	政府采购	校企合作	产业技术需求	中介机构	项目外包	金融政策	税收优惠	知识产权	法规管制	收益分配
2003	1.0000	1.0000	1.0000	1.0000	1.0000	1.0000	1.000	1.0000	1.0000	1.0000	1.0000	1.0000	1.0000	1.0000	1.0000
2004	1.2857	1.3333	1.2000	1.2727	1.2000	1.3333	1.375	1.2857	1.2222	2.0000	1.4000	1.2500	1.2727	1.3333	1.1000
2005	1.7857	1.3333	1.4333	1.7273	1.6000	1.3333	1.625	1.5000	1.4444	2.5000	2.0000	1.2500	1.3636	1.1667	1.2000
2006	2.2857	1.6667	1.7000	2.1818	2.2000	2.3333	1.875	1.7143	1.8889	3.0000	2.6000	1.6250	1.8182	1.8889	1.5000
2007	3.0000	2.1667	2.2333	3.0909	3.4000	2.6667	2.125	2.0714	2.0000	4.5000	3.2000	1.6250	2.3636	2.3333	1.8000
2008	3.9286	2.8333	2.9667	4.0909	4.8000	4.0000	2.625	2.4286	2.3333	4.5000	4.0000	2.3750	3.0000	2.8889	2.1000
2009	4.5714	2.8333	3.3667	4.4545	5.8000	5.0000	2.875	2.6429	2.5556	4.5000	5.2000	3.2500	3.4545	3.5000	2.5000
2010	4.8571	3.1667	3.6667	5.1818	6.4000	5.3333	3.500	2.8571	3.0000	4.5000	5.8000	3.6250	3.9091	3.9444	2.8000
2011	5.8571	3.3333	4.1667	6.2727	7.8000	7.3333	4.250	3.6429	3.4444	4.5000	7.6000	4.3750	4.4545	4.1111	3.0000
2012	6.5000	3.8333	4.6333	7.5455	9.0000	8.3333	5.250	4.0714	3.7778	5.5000	8.4000	5.1250	4.8182	4.3889	3.5000
2013	7.5000	4.3333	5.3333	8.3636	10.0000	8.6667	5.625	4.7143	4.4444	6.0000	9.4000	5.3750	5.3636	5.0000	3.6000
2014	7.5000	4.3333	5.2000	8.5455	10.4000	9.6667	5.875	4.7857	4.6667	5.5000	10.000	5.7500	5.3636	4.7222	3.9000
2015	8.0714	4.5000	5.5667	9.5455	11.6000	10.6667	5.875	4.8571	4.6667	6.0000	11.200	6.1250	5.5455	5.2222	4.1000

②始点零化处理。在对数据进行初值化处理之后，还要进行始点零化处理

$$Y'^0_0(t) = Y'_0(t) - Y'_0(1)$$

$$X'^0_i(t) = X'_i(t) - X'_i(1)$$

初值化后的始点零化像见表 3-12～表 3-14。

表 3-12　　　浙江省地方高校科技成果转化各指标数据初值化后的始点零化像

年份	研究与发展全时人员	研究与发展经费	科技成果获奖	出版科技专著	发表学术论文	专利申请	专利授权	专利出售当年实际收入	技术转让当年实际收入
2004	0.0000	0.0000	0	0.0000	0.0000	0.0000	0.0000	0.0000	0.0000
2005	0.2330	0.3199	3	-0.0899	0.0116	1.2874	2.3421	-0.6646	-0.1680
2006	0.1778	0.6090	-1	-0.2116	0.0457	2.3966	5.4474	-0.1042	-0.0550
2008	0.2847	0.9895	3	-0.2487	0.1783	7.5345	9.7368	0.7771	1.0226
2009	0.3995	1.2748	8	-0.2725	0.3184	11.7126	23.7632	1.6238	5.5769
2010	0.3748	1.6686	10	-0.1402	0.3562	19.7931	50.6842	0.5917	0.2484
2011	0.4728	1.9723	4	-0.4101	0.4559	25.7816	88.5263	1.0654	-0.1221
2012	0.6100	3.1846	3	-0.3942	0.8596	35.0977	107.2632	9.8671	30.2989
2013	0.7111	3.6801	4	-0.0926	0.7390	43.7069	154.6316	2.2917	0.6090
2014	0.7847	4.0205	4	-0.2540	0.7330	51.8908	184.1053	0.9583	16.0314
2015	0.7202	3.4718	5	-0.4392	0.5815	51.8851	157.5789	2.4504	3.3443
2016	0.9951	4.0320	3	-0.0450	0.6976	70.2471	262.2632	4.0338	9.3311

表 3-13　　　浙江省促进高校科技成果转化的科技政策指标
数据初值化后的始点零化像

年份	政策存量	政策力度	供给类政策工具	需求类政策工具	环境类政策工具
2003	0.0000	0.0000	0.0000	0.0000	0.0000
2004	0.2162	0.2771	0.2424	0.3333	0.2692
2005	0.4324	0.5060	0.5606	0.5556	0.3077
2006	0.7027	0.7470	0.9394	0.9167	0.8269

年份	政策存量	政策力度	供给类政策工具	需求类政策工具	环境类政策工具
2007	1.3514	1.1928	1.6212	1.2500	1.2115
2008	2.0541	1.6747	2.4848	1.6944	1.7885
2009	2.5676	2.1084	2.9394	1.9722	2.4231
2010	2.8919	2.4337	3.3333	2.3333	2.8462
2011	3.4865	2.9880	4.0758	3.0833	3.3462
2012	4.0270	3.4578	4.7727	3.6944	3.8077
2013	4.7838	3.9398	5.5606	4.2500	4.2885
2014	4.6486	3.8916	5.5606	4.4444	4.3654
2015	5.2162	4.3133	6.1212	4.5833	4.7885

③计算 $|s_0'|$、$|s_i'|$ 与 $|s_i' - s_0'|$

在对数据进行初值化和始点零化之后，计算 $|s_0'|$、$|s_i'|$、$|s_i' - s_0'|$

$$|s_0'| = \left| \sum_{t=2}^{n-1} Y_0'(t) + \frac{1}{2} Y_0'(n) \right|$$

$$|s_i'| = \left| \sum_{t=2}^{n-1} X_i'(t) + \frac{1}{2} X_i'(n) \right|$$

$$|s_i' - s_0'| = \left| \sum_{t=2}^{n-1} (X_i'(t) - Y_0'(t)) + \frac{1}{2} (X_i'(n) - Y_0'(n)) \right|$$

同样以科技政策存量（X_1）和科技成果获奖（Y_3）为例，将两个等距时间数列进行初值化和始点零化之后，可计算出 $|s_0'|$、$|s_i'|$ 与 $|s_i' - s_0'|$ 的值

$$|s_0'| = \left| \sum_{t=2}^{12} Y_0'(t) + \frac{1}{2} Y_0'(13) \right| = 44.5$$

$$|s_1'| = \left| \sum_{t=2}^{12} X_i'(t) + \frac{1}{2} X_i'(13) \right| = 29.77027$$

$$|s_1' - s_0'| = \left| \sum_{t=2}^{12} (X_1'(t) - Y_0'(t)) + \frac{1}{2} (X_i'(13) - Y_0'(13)) \right| = 14.72973$$

计算灰色相对关联度

$$r_1 = \frac{1 + |s_0| + |s_i|}{1 + |s_0| + |s_i| + |s_i - s_0|} = \frac{1 + 44.5 + 29.77027}{1 + 44.5 + 29.77027 + 14.72973} =$$

0.836336

表 3 - 14　　浙江省促进高校科技成果转化的各类政策工具指标数据初值化后的始点零化像

年份	队伍建设	人事改革	资金支持	平台建设	教育教学改革	政府采购	校企合作	产业技术需求	中介机构	项目外包	金融政策	税收优惠	知识产权	法规管制	收益分配
2003	0.0000	0.0000	0.0000	0.0000	0.0000	0.0000	0.0000	0.0000	0.0000	0.0000	0.0000	0.0000	0.0000	0.0000	0.0000
2004	0.2857	0.3333	0.2000	0.2727	0.2000	0.3333	0.3750	0.2857	0.2222	1.0000	0.4000	0.2500	0.2727	0.3333	0.1000
2005	0.7857	0.3333	0.4333	0.7273	0.6000	0.3333	0.6250	0.5000	0.4444	1.5000	1.0000	0.2500	0.3636	0.1667	0.2000
2006	1.2857	0.6667	0.7000	1.1818	1.2000	1.3333	0.8750	0.7143	0.8889	2.0000	1.6000	0.6250	0.8182	0.8889	0.5000
2007	2.0000	1.1667	1.2333	2.0909	2.4000	1.6667	1.1250	1.0714	1.0000	3.5000	2.2000	0.6250	1.3636	1.3333	0.8000
2008	2.9286	1.8333	1.9667	3.0909	3.8000	3.0000	1.6250	1.4286	1.3333	3.5000	3.0000	1.3750	2.0000	1.8889	1.1000
2009	3.5714	1.8333	2.3667	3.4545	4.8000	4.0000	1.8750	1.6429	1.5556	3.5000	4.2000	2.2500	2.4545	2.5000	1.5000
2010	3.8571	2.1667	2.6667	4.1818	5.4000	4.3333	2.5000	1.8571	2.0000	3.5000	4.8000	2.6250	2.9091	2.9444	1.8000
2011	4.8571	2.3333	3.1667	5.2727	6.8000	6.3333	3.2500	2.6429	2.4444	3.5000	6.6000	3.3750	3.4545	3.1111	2.0000
2012	5.5000	2.8333	3.6333	6.5455	8.0000	7.3333	4.2500	3.0714	2.7778	4.5000	7.4000	4.1250	3.8182	3.3889	2.5000
2013	6.5000	3.3333	4.3333	7.3636	9.0000	7.6667	4.6250	3.7143	3.4444	5.0000	8.4000	4.3750	4.3636	4.0000	2.6000
2014	6.5000	3.3333	4.2000	7.5455	9.4000	8.6667	4.8750	3.7857	3.6667	4.5000	9.0000	4.7500	4.3636	3.7222	2.9000
2015	7.0714	3.5000	4.5667	8.5455	10.6000	9.6667	4.8750	3.8571	3.6667	5.0000	10.2000	5.1250	4.5455	4.2222	3.1000

（5）计算灰色综合关联度。

已知母序列 $\{Y_0\}$ 与子序列 $\{X_i\}$ 长度相同，且初值皆不等于零，和 ε_{0i} 与 r_{0i} 分别为 $\{Y_0\}$ 与 $\{X_i\}$ 的灰色绝对关联度和灰色相对关联度，则 $\rho_{0i} = \theta\varepsilon_{0i} + (1-\theta)r_{0i}$ 为 Y_0 与 X_i 的灰色综合关联度，简称综合关联度。

灰色综合关联度既体现了折线相似程度，也可反映出 Y_0 与 X_i 相对于始点的变化速率的接近程度，是较为全面地描述序列之间是否紧密的一个数量指标。一般地，θ 为 0.5。

则例中，政策存量对于高校科技成果获奖的灰色综合关联度为

$$\rho_{0i} = \theta\varepsilon_{0i} + (1-\theta)r_{0i} = 0.50.520417 + (1-0.5)0.836336 = 0.6784$$

第二节　浙江省地方高校科技
成果转化绩效评价

一、科技投入现状分析

（一）科技人力资源投入

研究与发展全时人员指统计年度中，从事研究与发展（包括科研管理）或从事研究与发展成果应用、科技服务（包括科研管理）工作时间占本人全部工作时间90%及以上的人员，能够较好地反映从事研究与发展科技人力投入的情况。图 3-1 为浙江省、江苏省、上海市地方高校研究与发展全时人员历年的变化情况。

从图 3-1 的浙江省地方高校研究与发展全时人员来看，三个地区自 2004 年以来，绝对数量都得到了较大的提高，浙江省 2016 年研究与发展全时人员较 2004 年增长了 99.51%，江苏增长了 53.8%，上海市增长了 35.94%；从年均增长率来看，浙江省的年均增长率为 5.92%，江苏省的年均增长率为 3.65%，上海市的年均增长率为 2.59%。可以看出，无论是 2016 年与 2004 年的绝对增长量，还是 13 年间的平均增长率，浙江省均高于江苏省和上海市，研究与发展全时人员数量发展迅速。

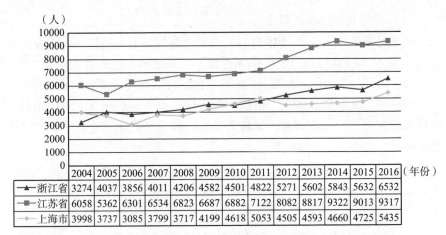

图 3 - 1　2004—2016 年三地地方高校研究与发展全时人员变化情况

表 3 – 15 中是 2004—2016 年三地地方高校研究与发展全时人员数量对比。

表 3 – 15　　　2004—2016 年三地地方高校研究与发展全时人员数量对比

统计结果	浙江省	江苏省	上海市
平均值/(人/年)	4782.2	7409.2	4317.2
最大值/(人/年)	6532	9322	5435
最小值/(人/年)	3274	5362	3085
标准差/(人/年)	937.89	1339.83	637.45

从表 3 – 15 的平均值看，浙江省地方高校研究与发展全时人员略高于上海市；但浙江省与江苏省还有较大差距，低于江苏省 2627 人/年，结合图 3 – 1 可知，两省份研究与发展全时人员在 2005 年差距最小，江苏省比浙江省高 1325 人/年，2005 年之后，两省份的差距逐渐拉大，2013—2015 年三年差距在 3000 人/年以上。但江苏省标准差最大，由于其年均增长率及绝对数量增长率低于浙江省，故表明 13 年间，其研究与发展全时人员数量波动幅度较大。2016 年浙江省地方高校研究与发展全时人员数量在全国 31 个省区市（不含港澳台）中排名第八，江苏省排名第二，差距仍然较大。

研究与发展全时人员中，科学家和工程师指具有大学本科以上学历或具有高中级技术职称（职务）研究人员，其比例能反映出科研队伍结构的合理性与队伍的整体素质。图3-2为2004—2016年，浙江、江苏、上海三地科学家和工程师占研究与发展全时人员的比例。可看出，除2004年外，2005—2016年以来，浙江省地方高校科学家和工程师比例始终低于江苏省，13年间浙江省平均值仅为96.78%，上海市为97.53%，江苏省高达99.04%，高于浙江省2.26%。此外，浙江省在2005—2008年，科学家和工程师比例大幅下降，2008年仅为93.30%。从稳定性来看，江苏省和上海市基本稳定，但浙江省波动幅度较大，直到近几年才趋于稳定。

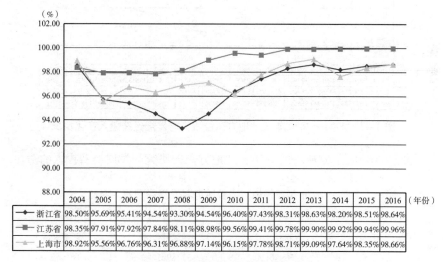

（%）	2004	2005	2006	2007	2008	2009	2010	2011	2012	2013	2014	2015	2016 （年份）
浙江省	98.50%	95.69%	95.41%	94.54%	93.30%	94.54%	96.40%	97.43%	98.31%	98.63%	98.20%	98.51%	98.64%
江苏省	98.35%	97.91%	97.92%	97.84%	98.11%	98.98%	99.56%	99.78%	99.90%	99.90%	99.92%	99.94%	99.96%
上海市	98.92%	95.56%	96.76%	96.31%	96.88%	97.14%	96.15%	97.78%	98.71%	99.09%	97.64%	98.35%	98.66%

图3-2　2004—2016年三地地方高校科学家和
工程师占研究与发展全时人员比重

（二）研究和发展经费投入

研究与发展经费投入居于科技经费的核心部分。"经费是研究与发展活动的重要条件，经费总额体现研究与发展活动的规模和地位。经费构成和变动情况集中体现了国家科学技术发展的政策，也反映了高等学校研究与发展活动与社会各部门联系的广泛程度"。[1]

图3-3为浙江、江苏、上海地方高校2004—2016年研究与发展经费投入情况，自2004年以来，三地区的研究与发展经费投入均得到了极大提高。2016年与2014年相比，江苏省增长了近529.51%，浙江省增长了

---

① 国家教委科技司.高等学校科技统计手册 [M].武汉：武汉大学出版社，1987.

403.20%，上海市增长了329.56%。从年均增长率来看，江苏省为16.57%，浙江省为14.41%，上海市为12.92%。因此，无论是13年内的绝对增长量还是平均增长率，江苏省均排在第一。

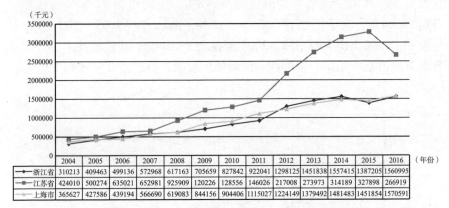

（千元）	2004	2005	2006	2007	2008	2009	2010	2011	2012	2013	2014	2015	2016（年份）
浙江省	310213	409463	499136	572968	617163	705659	827842	922041	1298125	1451838	1557415	1387205	1560995
江苏省	424010	500274	635021	652981	925909	120226	128556	146026	217008	273973	314189	327898	266919
上海市	365627	427586	439194	566690	619083	844156	904406	1115027	1224149	1379492	1481483	1451854	1570591

图 3 – 3　2004—2016 年三地地方高校研究与发展经费投入变化情况

表 3 – 16 中是 2004—2016 年三地地方高校研究与发展经费投入的对比。

表 3 – 16　　2004—2016 年三地地方高校研究与发展经费投入对比

统计结果	浙江省	江苏省	上海市
平均值/千元	932312.62	1622014.00	953795.23
最大值/千元	1560996.00	3278981.00	167059.00
最小值/千元	310213.00	424010.00	365627.00
标准差/千元	459665.56	1045173.85	443594.69

从表 3 – 16 的平均值看，浙江省地方高校研究与发展经费年均值与上海市基本持平，与江苏省有较大的差距，均值相差 69701.38 千元。结合图 3 – 3 可知，2004—2007 年，浙江省与江苏省地方高校研究与发展经费差距较小，其中 2007 年两地相差仅 80013 千元，自 2008 年开始，两地的经费差距逐渐拉大，其中 2013—2016 年的差距均大于 1100000 千元，2015 年两地的差距最大，江苏省地方高校研究发展经费是浙江省的 1.36 倍。从排名来看，江苏省 2016 年地方高校研究与发展经费在全国 31 个省区市（不含港澳台）中排名第二，上海市排名第五，浙江省排名第六，可见浙江省地方高校所获得研究与发展经费相对较少。

图 3 – 4 所示为 2004—2016 年三地地方高校研究与发展经费占 GDP 的

比重变化情况。

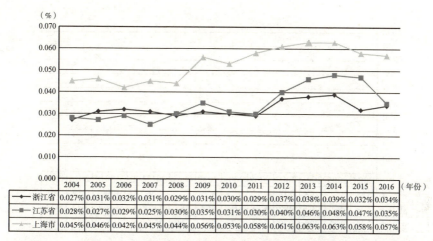

	2004	2005	2006	2007	2008	2009	2010	2011	2012	2013	2014	2015	2016	（年份）
浙江省	0.027%	0.031%	0.032%	0.031%	0.029%	0.031%	0.030%	0.029%	0.037%	0.038%	0.039%	0.032%	0.034%	
江苏省	0.028%	0.027%	0.029%	0.025%	0.030%	0.035%	0.031%	0.030%	0.040%	0.046%	0.048%	0.047%	0.035%	
上海市	0.045%	0.046%	0.042%	0.045%	0.044%	0.056%	0.053%	0.058%	0.061%	0.063%	0.063%	0.058%	0.057%	

图3－4　2004—2016年三地地方高校研究与发展经费占GDP比重变化情况

地方高校研究与发展经费投入占地方GDP的比例是衡量其科技投入水平的重要指标。由图3－4发现2004—2008年上海地方高校研究与发展经费占GDP比例始终在0.04%以上，但2009年后，比例均高于0.05%，2016年相较2004年，占比增加了0.012%。浙江省研究与发展经费占GDP的比例在2004—2016年虽有波动，但2016年与2004年相比，占比仅增加了0.007%。2004—2012年，浙江省与江苏省研究与发展经费占比差距较小，自2013年起，江苏省研究与发展经费占GDP比重增大，与浙江省逐渐拉开差距，但2016年又有所回落，基本与浙江省持平。总体来看，浙江省地方高校研究与发展经费与上海及江苏相比，依旧处于较低水平，相对而言，投入不足。

二、科技产出现状分析

（一）科技著作与学术论文产出

科技著作是对某一科技领域或问题的系统论著，是衡量地区科技产出水平的重要指标之一。图3－5是2004—2016年浙江、江苏、上海三地区年出版科技著作的数量变化，三地科技著作出版数量波动幅度均较大。从绝对值变化来看，江苏省2016年相较于2004年，地方高校出版的科技著作数量增加了37.15%，浙江省2016年较2004年下降了4.5%，上海市

2016 年较 2004 年下降了 17.16%。

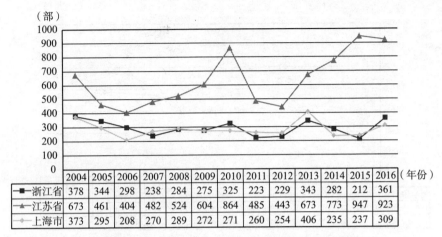

图 3 – 5　2004—2016 年三地地方高校科技著作出版数量变化情况

	2004	2005	2006	2007	2008	2009	2010	2011	2012	2013	2014	2015	2016
浙江省	378	344	298	238	284	275	325	223	229	343	282	212	361
江苏省	673	461	404	482	524	604	864	485	443	673	773	947	923
上海市	373	295	208	270	289	272	271	260	254	406	235	237	309

现利用线性拟合分析说明浙江、上海和江苏地方高校 13 年间出版科技著作的整体趋势，结果如图 3 – 6 所示。从拟合直线发现，三地的地方高校，只有江苏出版的科技著作是上升的，并且上升幅度较大，而浙江省与上海市的数量呈小幅下降趋势，浙江省的下降幅度要大于上海市。

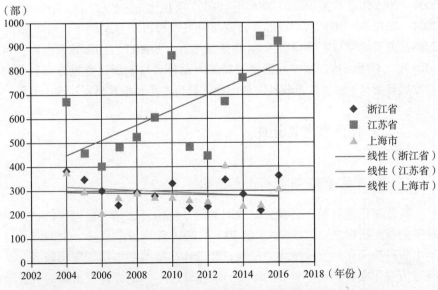

图 3 – 6　2004—2016 年三地地方高校科技著作出版数量拟合直线

表 3 – 17 中是 2004—2016 年三地地方高校科技著作出版数量的对比。

表 3 – 17　　　　2004—2016 年三地地方高校科技著作出版数量对比

统计结果	浙江省	江苏省	上海市
平均值/部	291.69	635.08	283.00
最大值/部	377.00	947.00	406.00
最小值/部	212.00	404.00	208.00
标准差/部	55.59	190.25	54.72

从表 3 – 17 的均值来看，江苏省要远高于浙江省和上海市，江苏省高于浙江省 343.39 部，差额比浙江省年均颁布的数量还要大，表明浙江省与江苏地方高校出版的科技专著差异明显。从全国范围看，2016 年，江苏省地方高校出版科技著作数量在全国 31 个省、市、自治区中排名第一，浙江省排名 14，上海市排名 15。概言之，浙江省地方高校出版科技专著数量少，且呈下降趋势，产出效益较低。

学术论文发表数量也是地方高校科研产出的重要指标，图 3 – 7 为2004—2016 年浙江省、江苏省、上海市的地方高校发表学术论文数量变化情况。

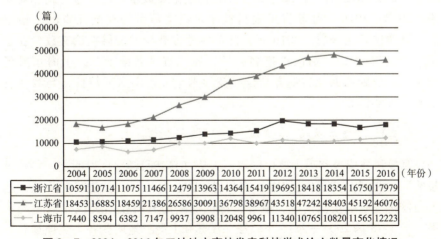

（篇）	2004	2005	2006	2007	2008	2009	2010	2011	2012	2013	2014	2015	2016
浙江省	10591	10714	11075	11466	12479	13963	14364	15419	19695	18418	18354	16750	17979
江苏省	18453	16885	18459	21386	26586	30091	36798	38967	43518	47242	48403	45192	46076
上海市	7440	8594	6382	7147	9937	9908	12048	9961	11340	10765	10820	11565	12223

图 3 – 7　2004—2016 年三地地方高校发表科技学术论文数量变化情况

观察图 3-7 可知，自 2004 年以来，三地的地方高校学术论文的发表数量呈上升趋势。2016 年与 2004 年相比，江苏省增长了近 149.69%，浙江省增长了 69.76%，上海市增长了 64.29%。从年平均增长率来看，江苏省的年均增长率为 7.92%，浙江省的年均增长率为 4.5%，上海市的年均增长率为 4.22%，浙江省与上海市增长率相对较低。

表 3-18 中是 2004—2016 年三地地方高校发表科技学术论文的数量对比。

表 3-18　　　　2004—2016 年三地地方高校发表科技学术论文数量对比

统计结果	浙江省	江苏省	上海市
平均值/篇	14712.85	33696.62	9856.15
最大值/篇	19695.00	48403.00	12223.00
最小值/篇	10591.00	16885.00	6382.00
标准差/篇	3285.76	12183.66	1917.97

从表 3-18 的均值来看，江苏省排名第一，浙江省排名第二，上海市次之。江苏省地方高校年发表科技论文数量比浙江省多 18983.77 篇，高于浙江省的年发表论文均值，两者间的差距巨大。再结合图 3-7，2004—2007 年，浙江省地方高校发表科技论文数量与江苏省差距相对较小，2008—2016 年江苏省发表科技学术论文数量均在浙江省的一倍以上。从全国排名来看，2016 年，江苏省地方高校发表科技论文数量在全国 31 个省、市、自治区中排名第一，浙江省排名第十二，上海市排名第十九。反映出浙江省地方高校科技学术论文产出水平较低，与其他省份有较大的差距。

（二）科技成果获奖情况

高校科技成果奖项主要由国家三大奖（自然科学奖、发明奖、科技进步奖）、国务院各部门科技进步奖和省、市、自治区科技进步奖组成。地方高校科技成果获奖情况，能够较好的反映出其科技研究成果质量与水平。图 3-8 为 2004—2016 年浙江、江苏和上海三地所获各类奖项加总后的对比情况。

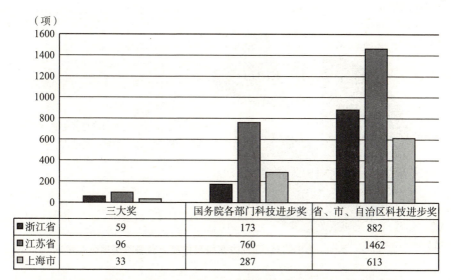

	三大奖	国务院各部门科技进步奖	省、市、自治区科技进步奖
■ 浙江省	59	173	882
■ 江苏省	96	760	1462
□ 上海市	33	287	613

图3-8 2004—2016年三地地方高校科技成果获各类奖项对比情况

　　由图3-8可知，无论是国家三大奖、国务院各部门科技进步奖，还是省、市、自治区科技进步奖，江苏省地方高校获奖数均位列第一位。江苏省地方高校2004—2016年所获三大奖数量是浙江省的1.63倍，上海市的2.91倍；其所获国务院各部门科技进步奖数量是浙江省的4.39倍，上海市的2.65倍；其所获省、市、自治区科技进步奖数量是浙江省的1.66倍，是上海市的2.38倍。浙江省地方高校所获国家三大奖的数量，以及省、市、自治区科技进步奖数均高于上海市，但所获国务院各部门科技进步奖数量要低于上海市。图3-9为2004—2016年浙江省地方高校所获科技进步奖分布情况，三大奖占比最少，仅为5%，国务院各部门科技进步奖占比16%，所获省、市、自治区科技进步奖占比最大，为79%。

　　图3-10为2004—2016年江苏、上海地方高校科技进步奖分布情况。

　　从图3-10可知，江苏省与上海市所获三大奖比例也较小，但两地所获国务院各部门科技进步奖占比要远高于浙江省，均在30%以上，所获省、市、自治区科技进步奖与浙江省相比，相对较小。总体而言，浙江省地方高校所获各类科技成果转化奖项数量与江苏省均具有较大差距，从获奖结构情况来看，所获三大奖及国务院各部门科技进步奖占比较小，其对国家重点攻关科技及各部门各领域科技进步的贡献有待提高。

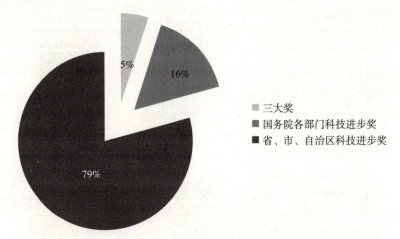

图 3 - 9 2004—2016 年浙江地方高校科技成果获各类奖项分布情况

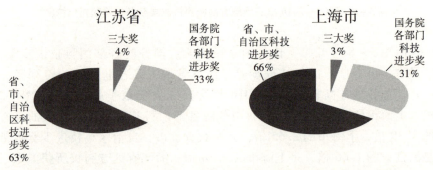

图 3 - 10 2004—2016 年江苏、上海地方高校科技成果获各类奖项分布情况

三、科技转化现状分析

(一) 专利情况分析

专利申请、授权和出售情况是衡量地区和高校科技成果转化水平的重要指标，高校科研成果通过专利形式流动到企业，也是科技成果转化的重要途径。图 3 - 11 为 2004—2016 年三地地方高校专利申请数量的变化情况。

从图 3 - 11 的 2004—2016 年浙江、江苏、上海三地专利申请情况看，江苏省都要高于浙江和上海两地。自 2004 年以来三地专利申请数量均不断增长，其中江苏和浙江省增长幅度较大，上海市增长幅度较小。江苏省

2016 年专利申请量与 2004 年相比，增长了 7288.62%，浙江省 2016 年与 2004 年相比增长了 7024.71%，上海市 2016 年与 2004 年相比增长了 915.80%。江苏省的年均增长率为 43.13%，浙江省的年均增长率为 42.6%，上海市的年均增长率为 21.31%。

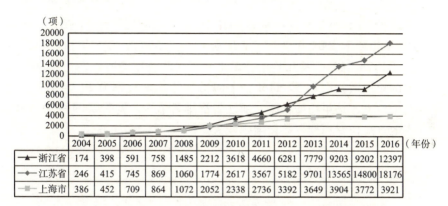

（项）													
	2004	2005	2006	2007	2008	2009	2010	2011	2012	2013	2014	2015	2016（年份）
浙江省	174	398	591	758	1485	2212	3618	4660	6281	7779	9203	9202	12397
江苏省	246	415	745	869	1060	1774	2617	3567	5182	9701	13565	14800	18176
上海市	386	452	709	864	1072	2052	2338	2736	3392	3649	3904	3772	3921

图 3 - 11　2004—2016 年三地地方高校专利申请数量变化情况

表 3 - 19 中是 2004—2016 年三地地方高校专利申请数量的对比。

表 3 - 19　　　　2004—2016 年三地地方高校专利申请数量对比

统计结果	浙江省	江苏省	上海市
平均值	4519.85	5593.62	2249.77
最大值	12397.00	18176.00	3921.00
最小值	174.00	246.00	386.00
标准差	4087.18	6278.36	1407.71

从表 3 - 19 的均值来看，江苏省排名第一，浙江省排名第二，上海市排名第三。江苏省地方高校专利申请均值比浙江省高 1073.77 项。再结合图 3 - 11，2004—2007 年，江苏省地方高校专利申请量略高于浙江省，2008—2012 年，浙江省地方高校专利申请量高于江苏省，但自 2013 年后又低于江苏省，且与江苏省的差距逐渐拉大。从全国排名来看，2016 年江苏省地方高校专利申请量在全国 31 个省、市、自治区中排名第一，浙江省排名第二，上海市排名第十二。总体而言，浙江省地方高校专利申请量虽然与江苏省有一定差距，但是在全国排名中表现优异，专利申请数量具

有优势，表明科研人员进行专利保护的积极性较高。

专利申请数量在一定程度上能够反映研究人员运用知识产权保护科研成果的意识及参与科技成果转化的积极性，专利授权则更能反映出科研成果的水平，图3-12为2004—2016年，浙江、江苏、上海三地地方高校专利授权量变化情况。三地专利授权数量变化趋势与专利申请趋势大致相当。江苏省地方高校2016年专利授权数量相较于2004年增长了9806.90%，浙江省2016年相较于2004年增长了26226.32%，上海市2016年相较于2004年增长了2175.26%。从年均增长率来看，江苏省年均增长率为46.67%，浙江省的年均增长率为59.11%，上海市的年均增长率为29.74%。无论是绝对增长率还是年均增长率，浙江省都排名第一，表明2004—2016年，浙江省地方高校专利授权数量增幅较大。

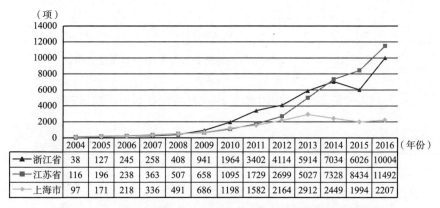

图3-12 2004—2016年三地地方高校专利授权数量变化情况

表3-20中是2004—2016年三地地方高校专利授权数量的对比。

表3-20　　　　　2004—2016年三地地方高校专利授权数量对比

统计结果	浙江省	江苏省	上海市
平均值	3113.46	3067.85	1269.62
最大值	10004.00	11492.00	2912.00
最小值	38.00	116.00	97.00
标准差	3270.83	3778.36	995.86

从表3-20的均值看，浙江省排名第一，江苏省排名第二，上海市排

名第三。浙江省地方高校年均专利授权量比江苏省多 45. 61 项。2009—2013 年浙江省地方高校专利授权量要高于江苏省。从全国排名来看，2016 年江苏省地方高校专利授权量在全国 31 个省、市、自治区中排名第一，浙江省排名第二，上海市排名第十五。总体来看，近 13 年来，浙江省在专利授权数方面在全国有较大优势，三年总量虽略低于江苏省，但总体增长幅度要高于江苏省。

专利具有时效性，经过授权后，只有及时转化，才能真正实现知识转移，否则只会随着技术进步，失去其价值。高校专利出售当年实际收入，能够反映出高校授权专利的实用价值及转化绩效。2004—2016 年的浙江、江苏、上海三地地方高校专利出售当年实际收入变化情况如图 3 - 13 所示。

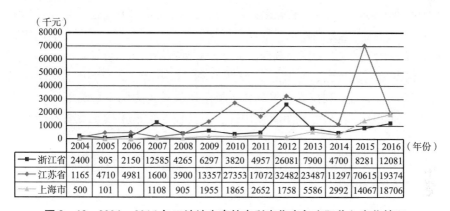

（千元）

	2004	2005	2006	2007	2008	2009	2010	2011	2012	2013	2014	2015	2016	（年份）
浙江省	2400	805	2150	12585	4265	6297	3820	4957	26081	7900	4700	8281	12081	
江苏省	1165	4710	4981	1600	3900	13357	27353	17072	32482	23487	11297	70615	19374	
上海市	500	101	0	1108	905	1955	1865	2652	1758	5586	2992	14067	18706	

图 3 - 13　2004—2016 年三地地方高校专利出售当年实际收入变化情况

相较于专利授权数量，专利出售当年实际收入变化幅度较大，这主要是由于专利出售受较多因素的影响。总体来看，三地专利出售收入呈上升趋势，江苏省地方高校专利出售当年实际收入 2016 年较 2004 年增长了 1563%，浙江省 2016 年较 2004 年增长了 403.38%，上海市 2016 年较 2004 年增长了 3641.2%，绝对增长率上海市排名第一，江苏省排名第二，浙江省排名第三。从年均增长率来看，江苏省年均增长率为 26.4%，浙江省的年均增长率为 14.42%，上海市的年均增长率为 35.23%。无论是年均增长率还是绝对增长量，上海市均排名第一，主要是因为其基数较小。

表 3 - 21 中是 2004—2016 年三地地方高校专利出售当年实际收入的对比。

表 3 - 21　　2004—2016 年三地地方高校专利出售当年实际收入数量对比

统计结果	浙江省	江苏省	上海市
平均值	7409.38	17799.46	4015.00
最大值	26081.00	70615.00	18706.00
最小值	805.00	1165.00	0.00
标准差	6658.18	18845.14	5759.91

从表 3 - 21 的均值看，江苏省地方高校在 13 年间年均出售专利实际收入要远高于浙江省和上海市，约是浙江省的 2.4 倍，上海市的 4.4 倍。2016年，江苏省专利出售当年实际收入在全国 31 个省、市、自治区中排名第六，上海市排名第二，浙江省省排名第六。这与三地专利授权量还是存在着较大差异的，浙江省地方高校虽专利授权量均值要高于江苏省，但其专利出售收入却远低于江苏省。为探究其原因，从专利授权结构进行考虑。

根据专利法规定，专利包括发明专利、实用新型专利和外观设计专利。其中，发明专利技术含量高，市场应用最具潜力的专利类型，而外观设计专利和实用新型专利更具使用性，但其技术含量相较于发明专利而言偏低。

图 3 - 14 所示为 2004—2016 年浙江省地方高校专利授权数中各类专利所占比重的情况。

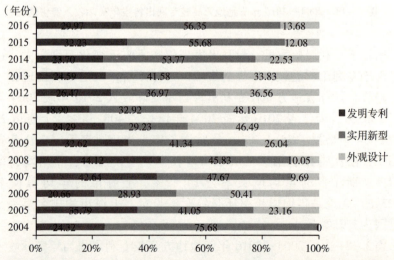

图 3 - 14　2004—2016 年浙江省地方高校专利授权数中各类专利所占比重

分析图 3 - 14，2004—2016 年浙江省地方高校历年专利授权结构情况。2004—2016 年，浙江省地方高校所获专利授权量中，实用新型和外观设计专利占据比例最大，从均值来看，浙江省地方高校 13 年间所获发明专利授权数年均占比仅为 29.25%，实用新型专利授权数年均占比最多，为 45.15%，外观设计专利数年均占比 25.59%。

图 3 - 15 所示为 2004—2016 年江苏省地方高校专利授权数中各类专利所占比重的情况。

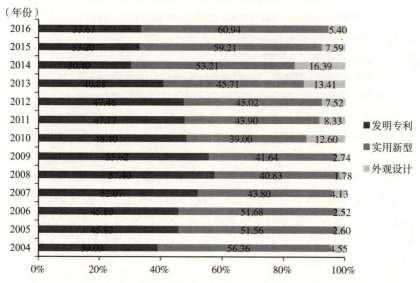

（年份）

图 3 - 15　2004—2016 年江苏省地方高校专利授权数中各类专利所占比重

分析图 3 - 15，2004—2016 年，江苏省地方高校发明专利与实用新型专利授权数占比相当。从均值看，江苏省地方高校 13 年间所获发明专利授权数年均占比高达 44.43%，实用新型专利授权数年均占比最多，为 48.68%，外观设计专利数年均占比最少，为 6.89%。

图 3 - 16 所示为 2004—2016 年上海市地方高校专利授权数中各类专利所占比重的情况。

由图 3 - 16 知，2004—2016 年，上海市地方高校所获专利授权量中发明专利与实用型专利授权数占比相当。从均值看，所获发明专利授权数年均占比为 35%，实用新型专利授权数年均占比最多，为 46.33%，外观设计专利数年均占比最少，为 18.67%。

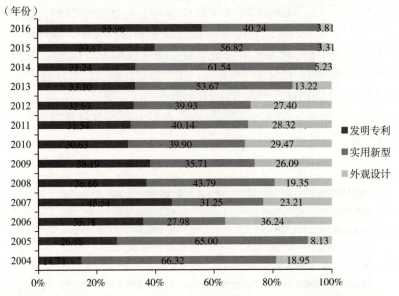

图3-16 2004—2016年上海市地方高校专利授权数中各类专利所占比重

通过比较不难看出浙江省在专利授权结构中，实用新型和外观设计专利占比较高，但发明专利授权占比与江苏和上海相比，存在着较大差距。这也是浙江省地方高校专利授权数较多，专利出售当年实际收入较少的主要原因，同时也反映出了浙江省地方高校科研活动中专利技术含量低、结构不合理等主要问题。

（二）技术转让情况分析

专利等高校知识创新的成果只有转化为具体产品且获得了收益才能促进区域经济的发展①，因此可用高校技术转让当年实际收入来反映地方高校知识创新产出的指标。图3-17为2004—2016年浙江、江苏、上海三地地方高校历年技术转让当年实际收入情况。

自2004年以来，浙江省、上海市和江苏省的地方高校技术转让实际收入总体呈现上升趋势，浙江省2016年技术转让当年实际收入相较于2004年，增长了25.05%，江苏省2016年相较于2004年增长了304.04%，上海市2016年相较于2004年增长了933.11%。上海市由于其

---

① 田东平，苗玉凤，崔瑞锋. 我国重点高校科研效率的 DEA 分析 [J]. 科技管理研究，2005（8）：42-44.

2004年基数较小，故其绝对增长率最大。从年均增长率来看，浙江省的年均增长率为1.88%，江苏省的年均增长率为12.34%、上海市的年均增长率为21.48%。

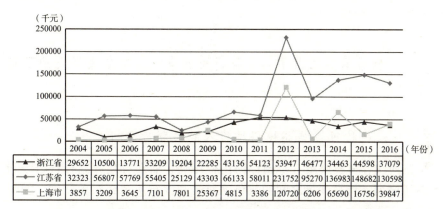

（年份）	2004	2005	2006	2007	2008	2009	2010	2011	2012	2013	2014	2015	2016
浙江省	29652	10500	13771	33209	19204	22285	43136	54123	53947	46477	34463	44598	37079
江苏省	32323	56807	57769	55405	25129	43303	66133	58011	231752	95270	136983	148682	130598
上海市	3857	3209	3645	7101	7801	25367	4815	3386	120720	6206	65690	16756	39847

图3-17 2004—2016年三地地方高校技术转让实际收入变化情况

表3-22中是2004—2016年三地地方高校技术转让当年实际收入数量的对比。

表3-22 2004—2016年三地地方高校技术转让当年实际收入数量对比

统计结果	浙江省	江苏省	上海市
平均值	34034.15	87551.15	23723.08
最大值	54123.00	231752.00	120720.00
最小值	10500.00	25129.00	3209.00
标准差	14436.97	59152.68	34529.25

从表3-22的均值来看，江苏省地方高校在2004—2016年的技术转让当年实际收入均值最高，约是浙江省的2.6倍，上海市的3.7倍。从排名来看，2016年江苏省地方高校技术转让实际收入在全国31个省、市、自治区中排名第一，上海市排名第十一，浙江省排名第十六。总体而言，浙江省地方高校技术转让收入虽然总体保持平稳，但是在增长率和均值上，与江苏省依然有较大的差异。

第三节 浙江省科技政策促进高校科技 成果转化绩效的实证分析

一、浙江省科技政策与高校科技成果转化绩效关联度的总体分析

(一) 科技政策与高校科技投入的关联度分析

以浙江省科技政策五个指标为比较序列，浙江省地方高校科技投入为参考序列，计算变量之间的灰色绝对关联度与灰色相对关联度，结果见表3－23。

表3－23　科技政策各指标与地方高校科技投入的
灰色绝对与相对关联度矩阵

政策变量	研究与发展全时人员		研究与发展经费	
	ε	r	ε	r
政策存量	0.5306	0.5990	0.5001	0.9056
政策力度	0.5586	0.6158	0.5001	0.9745
供给工具	0.5645	0.5840	0.5002	0.8444
需求工具	0.5269	0.6097	0.5001	0.9494
环境工具	0.5403	6.6056	0.5001	0.9327

根据计算结果进一步计算灰色综合关联度，计算结果见表3－24。

从灰色综合关联度结果来看，浙江省科技政策变量与浙江省高校科技资源的投入具有密切的相关性，其中政策变量和研究与发展全时人员灰色综合关联度均大于0.56，政策变量和研究与发展经费灰色综合关联度均大于0.67，表明浙江省颁布的系列科技政策对地方高校科研人力与资金的投入具有重要影响。

表 3 – 24　　　　　　　　科技政策各指标与地方高校科技投入的
灰色综合关联度矩阵

政策变量	研究与发展全时人员		研究与发展经费	
	ρ	排名	ρ	排名
政策存量	0.5648	5	0.7029	4
政策力度	0.5872	1	0.7373	1
供给工具	0.5743	2	0.6723	5
需求工具	0.5683	4	0.7248	2
环境工具	0.5730	3	0.7164	3

从关联度大小来看，政策力度和研究与发展全时人员的关联度最高，贡献度最大，而政策存量对其影响最小，表明浙江省所颁布科技政策的数量多，但和研究与发展全时人员数的相关性要略低于其他科技政策变量。从政策工具来看，供给政策工具对研究与发展全时人员的影响最大，其次为环境和需求政策。浙江省自"十一五"以来，一直重视人才队伍在成果转化中的作用，颁布了包含人事改革与队伍建设规划等在内的系列政策，效果显著。

对研究与发展经费，影响最大的同样为政策力度，表明浙江省颁布的科技政策力度存量对于研发经费的投入有较大的影响。政策存量对于研究与发展经费的影响较小，关联度排名第四。从政策工具来看，需求政策工具的使用频次虽远小于供给类工具，但其和研究与发展经费的关联度最高，表明浙江省所颁布的需求政策工具通过需求拉动来影响研发经费投入。环境政策工具排名第三，供给政策工具排名第五，虽然供给政策工具在三类政策中占比最大，但其对研究与发展经费影响却相对较小。

由灰色综合关联度计算结果可知，由于科技政策指标与科技投入指标的灰色绝对关联度较小且较为接近，灰色相对关联度的大小对灰色综合关联度的影响较大，此外计算灰色绝对关联度时，对数据进行始点零化处理后，数据仍然具有量纲，大小差别较大，无法绘于同一图中，故为了对各项政策工具和研究与发展全时人员，以及研究与发展经费的关联度进行更加直观的分析，将三类政策工具和研究与发展全时人员、研究与发展经费原始数据初值化后的值绘制于同一图中（图 3 – 18），以考察消除数据之间量纲的影响后对始点的变化速率的影响。

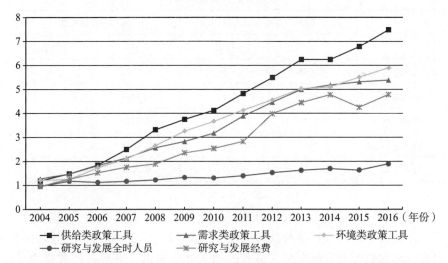

图 3 – 18　三类政策工具与浙江省地方高校科技投入指标初值像的无量纲关系

　　由图 3 – 18 可知，首先，三类政策工具指标和研究与发展全时人员均呈现正相关，但相较于始点的变化速率来看，研究与发展全时人员的增速与科技政策工具仍具有较大的差距。其次，三类政策工具，2016 年最少的为始点的五倍左右，最多的为始点的七倍，而研究与发展全时人员 2016 年约是 2004 年的两倍。三类政策工具，需求类及环境类政策工具和研究与发展全时人员的变化速率相对较近，但由于三类政策工具和研究与发展全时人员的增速差距均较大，且三类工具的增速相仿，故图形类似程度即灰色绝对关联度，对灰色综合关联度的影响最大，使得供给类政策工具和研究与发展全时人员的综合关联度最大，环境类政策工具与需求类政策工具次之。最后，三类政策工具和研究与发展经费相对于始点增长速率的一致性要明显高于政策工具和研究与发展全时人员的相似度。需求类政策工具和研究与发展经费变化趋势的图形相似性与相较于始点的增速均呈现出较高的一致性，环境类工具与供给类政策工具次之，这与上述灰色综合关联度的计算结果一致。

　　表 3 – 25 为浙江省地方高校科技投入各指标受科技政策影响的差异分析，从横向来看，浙江省科技政策各指标对研究与发展经费的灰色综合关联度较高，平均值达到了 0. 7107，最大关联度达到了 0. 7428，最

小值也有 0.6723；而科技政策各指标对研究与发展全时人员的关联度相对较小，平均值为 0.5375，最大值仅为 0.5872，表明科技政策对于研究与发展全时人员的影响相对薄弱，需强化科技政策对研究与发展全时人员的影响。

表 3 - 25　　浙江省地方高校科技投入各指标受科技政策影响的差异分析

统计结果	研究与发展全时人员	研究与发展经费
平均值	0.5735	0.7107
最大值	0.5872	0.7428
最小值	0.5648	0.6723
标准差	0.0085	0.0249

（二）科技政策与高校科技成果产出绩效的关联度分析

以浙江省科技政策五个指标为比较序列，浙江省地方高校科技成果产出为参考序列，计算变量之间的关联度，结果见表 3 - 26。

表 3 - 26　　科技政策各指标与地方高校科技成果产出的
灰色绝对与相对关联度矩阵

政策变量	科技成果获奖		出版科技专著		发表学术论文	
	ε	r	ε	r	ε	r
政策存量	0.5204	0.8363	0.50011	0.5075	0.5110	0.5861
政策力度	0.5107	0.7875	0.50007	0.5087	0.5211	0.6007
供给工具	0.5097	0.8961	0.50007	0.5065	0.5233	0.5731
需求工具	0.5233	0.8035	0.50012	0.5083	0.5097	0.5954
环境工具	0.5155	0.8153	0.50009	0.5080	0.5145	0.5918

根据计算结果进一步计算灰色综合关联度，计算结果见表 3 - 27。

表 3 – 27　　　　科技政策各指标与地方高校科技成果产出的
灰色综合关联度矩阵

政策变量	科技成果获奖 Y_1		出版科技专著 Y_2		发表学术论文 Y_3	
	ρ	排名	ρ	排名	ρ	排名
政策存量	0.6784	2	0.5038	4	0.5486	4
政策力度	0.6491	5	0.5044	1	0.5609	1
供给工具	0.7029	1	0.5033	5	0.5482	5
需求工具	0.6634	4	0.5042	2	0.5526	3
环境工具	0.6654	3	0.5040	3	0.5532	2

从灰色综合关联度结果来看，浙江省科技政策变量与浙江省高校科技成果产出具有密切的相关性，灰色综合关联度均大于0.5。政策存量对科技成果获奖的影响排名第二，颁布的一系列政策数量对成果获奖的影响也较大。政策力度排名第五，相较于其他指标而言，对于科技成果获奖的影响较小。从政策工具来看，供给类政策工具与浙江省地方高校科技成果获奖的关联度最高，表明浙江省通过科技政策资源供给为科技成果获奖提供保障。自1996年以来，科技奖励政策一直是供给类政策工具的主要内容，对提高高校科技成果质量发挥了重要作用。环境与需求类政策工具与地方高校科技成果获奖的关联度稍低于供给类工具，但关联度也均大于0.66，作用明显。

科技政策各指标对浙江省地方高校科技专著出版数量的影响相对较小，五个科技政策指标与其关联度均在0.505以下。浙江省地方高校2004—2016年出版的科技专著数量基本保持不变，甚至出现了下降的趋势。浙江省虽颁布了系列科技政策，对地方高校的科技专著产出具有一定影响，但是影响程度较小，效果并不明显。

对学术论文发表影响最大的科技政策变量为政策力度，表明系列政策力度在促进学术论文发表上效果明显，与政策力度相比，政策存量的影响则相对较低。从三类政策工具来看，环境政策工具对于学术论文的产出影响最大，良好政策环境促进了地方高校论文产出，需求类工具与供给类工具对其影响相对较小，但也都大于0.54。

由于科技政策各变量与科技成果产出各指标的灰色绝对关联度较小且

较为接近，为了对各项政策工具与科技成果产出三项指标相较于始点的变化速率进行更加直观的分析，将三类政策工具与地方高校科技产出三指标原始数据初值化之后的值绘制于同一图中，如图 3 – 19 所示。

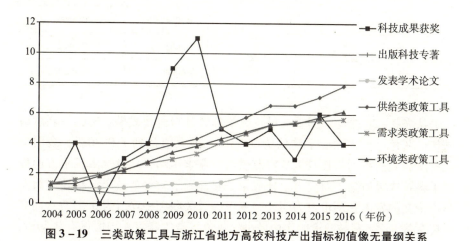

图 3 – 19　三类政策工具与浙江省地方高校科技产出指标初值像无量纲关系

　　由图 3 – 19 可知，三类科技政策工具与科技成果产出三个指标的初值像均呈上升趋势，虽然浙江省地方高校科技成果获奖的变化浮动较大，但相对于始点的增长趋势与三类政策工具最为接近，由于三类工具与其灰色绝对关联度均较低，故其相对于始点的变化速率对灰色综合关联度的影响较大。总体来看，虽然科技成果获奖数的初值像在 2009 年与 2010 年远高于三类政策工具，但总体增幅与政策工具基本相当，供给类政策工具和其相较于始点的变化速率最为接近，环境类工具与需求类工具次之。相较于科技成果获奖，浙江省地方高校学术论文的数量及科技著作的产出相较于始点的变化速率要远低于三项政策工具，2016 年的数量不足 2004 年的两倍，故其关联度要低于科技成果获奖。其中，环境类与需求类政策工具与学术论文的增幅较为接近，供给类政策工具相较于始点的增速远高于学术论文，故这两者的相对关联度较低，导致灰色综合关联度也较低。此外三类政策工具与科技著作的关联度最低，符合上述灰色综合关联度的计算结果。

　　接着对地方高校科技产出各指标受科技政策影响的差异情况进行分析，见表 3 – 28。

表 3 – 28   浙江省地方高校科技产出各指标受科技政策影响的差异分析

统计结果	科技成果获奖	出版科技专著	发表学术论文
平均值	0.6718	0.5039	0.5527
最大值	0.7029	0.5044	0.5609
最小值	0.6491	0.5033	0.5482
标准差	0.0202	0.00042	0.0051

从表 3 – 28 横向数据看，科技政策各变量与科技成果获奖的关联度最密切，灰色综合关联度平均值为 0.6718，最大值达到了 0.7029，表明浙江省所颁布的系列科技政策从资源供给、需求拉动、环境保障三个方面提高了科技成果质量，对促进科技成果获奖起到了较好的效果。科技政策对学术论文的发表作用也较为明显，灰色综合关联度平均值为 0.5527。而在科技专著方面，科技政策的作用最小，灰色综合关联度平均值仅有 0.5039，在这一方面亟待加强。

（三）科技政策与高校科技成果转化绩效的关联度分析

以浙江省科技政策五个指标为比较序列，浙江省地方高校科技成果转化四个指标为参考序列，计算变量之间的关联度，结果见表 3 – 29。

表 3 – 29   科技政策各指标与浙江省地方高校科技成果转化的
灰色绝对与相对关联度矩阵

政策变量	专利申请		专利授权		专利出售当年实际收入		技术转让当年实际收入	
	ε	r	ε	r	ε	r	ε	r
政策存量	0.5109	0.5522	0.5155	0.5164	0.5091	0.9231	0.5023	0.7410
政策力度	0.5209	0.5446	0.5297	0.5140	0.5175	0.9950	0.5044	0.7060
供给工具	0.5230	0.5615	0.5327	0.5193	0.5192	0.8593	0.5048	0.7839
需求工具	0.5096	0.5471	0.5136	0.5148	0.5080	0.9688	0.5020	0.7175
环境工具	0.5144	0.5489	0.5205	0.5154	0.5120	0.9514	0.5030	0.7259

根据计算结果进一步计算灰色综合关联度，计算结果见表3-30。

表3-30 　　科技政策各指标与浙江省地方高校科技成果转化的
灰色综合关联度矩阵

政策变量	专利申请		专利授权		专利出售当年实际收入		技术转让当年实际收入	
	ρ	排名	ρ	排名	ρ	排名	ρ	排名
政策存量	0.5316	4	0.5160	4	0.7161	4	0.6217	2
政策力度	0.5328	2	0.5219	2	0.7563	1	0.6052	5
供给工具	0.5423	1	0.5260	1	0.6893	5	0.6444	1
需求工具	0.5284	5	0.5142	5	0.7384	2	0.6098	4
环境工具	0.5317	3	0.5180	3	0.7317	3	0.6145	3

从表3-30的灰色综合关联度结果来看，浙江省科技政策变量与于浙江省高校科技成果转化绩效指标均具有密切的相关性，灰色综合关联度均大于0.5，政策力度对专利申请量的影响排名第二，政策存量排名第四。从三类政策工具来看，对专利申请量影响最大的指标为供给政策工具，各类资源供给导向政策工具有利于促进浙江省地方高校的专利申请水平的提高。环境政策工具次之，需求政策工具对专利申请影响相对较小。专利授权量与专利申请量密切相关，故科技政策各项指标对专利授权的影响排名与其对专利申请量的排名相同。

对专利出售当年实际收入影响最大的为政策力度，政策存量排名第四。从三类政策工具来看，需求类政策工具对于专利出售的影响最强，各项需求类政策工具，通过社会需求拉动，推动浙江省地方高校专利出售，效果显著。环境与供给类政策工具对其影响次之。

政策存量对技术转让当年实际收入的影响排名第二，表明浙江省颁布的政策存量在推动技术转让中的重要作用，政策力度则相对较弱，排名第五。从政策工具来看，三类政策工具中，对技术转让当年实际收入影响最大的为供给政策工具，其次为环境类与需求类政策工具。

由于科技政策各变量与科技成果转化各指标的灰色绝对关联度较小且较为接近，为对各项政策工具和专利申请与专利授权相较于始点的变化速率进行更加直观的分析，将数据进行初值化以消除数据之间量纲的影响，如图3-20。

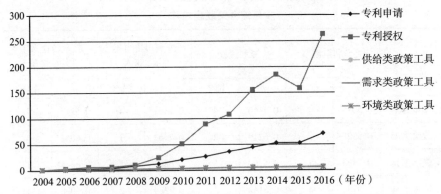

图3-20 三类政策工具与浙江省地方高校专利申请与授权初值像无量纲关系

由图3-20可知，浙江省地方高校专利申请与专利授权相对始点的增长速率要远高于三类政策工具的变化速率，相对而言，政策工具与专利申请相对于始点的变化速率较为接近，专利授权与科技政策变量相似性则较低。结合浙江省专利授权的结构分析，虽然浙江省地方高校专利申请与授权量相较于始点的增幅巨大，但是专利结构并不合理，发明专利申请与授权量占比较低，总体来看，三项政策工具与专利申请的关联度稍高于其与专利授权的关联度，与上文灰色综合关联度的计算结果一致。

由图3-21可知，三类政策工具与浙江省地方高校专利出售当年实际收入和技术转让当年实际收入均具有较高的相关性，2016年的收入是2004年的五倍以上。其中，专利出售当年实际收入相较于始点变化速率与三类政策工具具有高度相似性，需求类政策工具与其增幅一致性最高，环境类政策工具与供给类政策工具次之。技术转让当年实际收入初值像虽在2012年和2014年出现较大波动，但整体趋势与三类政策工具也较为相近，总体关联度略低于专利出售当年实际收入，其中供给类政策工具与其变化速率最为接近，环境类政策工具与需求类政策工具次之。

表3-31中是地方高校科技成果转化各指标受科技政策影响的差异分析。

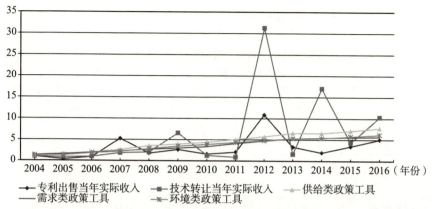

图3-21　三类政策工具与浙江省地方高校专利出售与
技术转让当年实际收入初值像无量纲关系

表3-31　　　　地方高校科技成果转化各指标受科技政策影响的差异分析

统计结果	专利申请	专利授权	专利出售当年实际收入	技术转让当年实际收入
平均值	0.5334	0.5192	0.7264	0.6191
最大值	0.5423	0.5260	0.7563	0.6444
最小值	0.5284	0.5142	0.6893	0.6052
标准差	0.0053	0.0047	0.0252	0.0154

　　观察表3-31，浙江省科技政策在推动地方高校专利出售及技术转让中的作用十分显著。其中，科技政策各指标与地方高校技术转让当年实际收入的平均关联度达到了0.6191，最大值为0.6444，其与专利出售当年实际收入的平均关联度高达0.7264，最大值为0.7563，最小值也达到0.6893。但需指出的是，科技政策各指标对于专利申请与专利授权量的影响相对较小，灰色综合关联度均值分别为0.5334和0.5192，需加强科技政策对浙江省地方高校专利申请和授权的指导作用。

二、浙江省科技政策工具与高校科技成果转化绩效的关联度分析

（一）政策工具与高校科技投入的关联度分析

　　以十五类政策工具为比较序列，浙江省地方高校科技投入为参考序

列，计算变量之间的关联度，结果见表 3 - 32。

表 3 - 32　　　　各类科技政策工具与浙江省地方高校科技投入的
灰色绝对与相对关联度矩阵

政策变量	研究与发展全时人员		研究与发展经费	
	ε	r	ε	r
队伍建设	0.5162	0.5711	0.500039	0.7916
人事改革	0.5037	0.6337	0.500009	0.9565
资金支持	0.5227	0.6082	0.500055	0.9435
平台建设	0.5141	0.5644	0.500034	0.7640
教育教学改革	0.5079	0.5522	0.500019	0.7139
政府采购	0.5042	0.5595	0.50001	0.7439
校企合作	0.5063	0.6035	0.500015	0.9243
产业技术需求	0.5088	0.6294	0.500021	0.9713
中介机构	0.5054	0.6355	0.500013	0.9503
项目外包	0.5022	0.5768	0.500005	0.8148
金融政策	0.5075	0.5553	0.500018	0.7265
税收优惠	0.5061	0.6082	0.500015	0.9434
知识产权	0.5087	0.6035	0.500021	0.9240
法规管制	0.5132	0.6114	0.500032	0.9566
收益分配	0.5049	0.6660	0.500012	0.8676

根据计算结果进一步计算灰色综合关联度，计算结果见表 3 - 33。

表 3 - 33　　　　各类科技政策工具与浙江省地方高校科技投入的
灰色综合关联度矩阵

政策变量	研究与发展全时人员		研究与发展经费	
	ρ	排名	ρ	排名
队伍建设	0.5437	10	0.6458	11
人事改革	0.5687	4	0.7283	3
资金支持	0.5655	5	0.7218	5
平台建设	0.5393	12	0.6320	12

政策变量	研究与发展全时人员		研究与发展经费	
	ρ	排名	ρ	排名
教育教学改革	0.5301	15	0.6070	15
政府采购	0.5319	13	0.6220	13
校企合作	0.5549	9	0.7122	7
产业技术需求	0.5691	3	0.7357	1
中介机构	0.5705	2	0.7252	4
项目外包	0.5395	11	0.6574	10
金融政策	0.5314	14	0.6133	14
税收优惠	0.5572	7	0.7217	6
知识产权	0.5561	8	0.7120	8
法规管制	0.5623	6	0.7283	2
收益分配	0.5855	1	0.6838	9

从表3-33的灰色综合关联度结果来看，浙江省各类科技政策工具与浙江省高校科技投入指标均具有密切的相关性，灰色综合关联度均大于0.5。收益分配、中介机构、产业技术需求、人事改革、资金支持等对研究与发展全时人员的影响较大，项目外包、平台建设、政府采购、金融政策、教育教学改革等对研究与发展全时人员的影响相对较小。值得注意的是，浙江省虽颁布了较多的队伍建设类政策，但是其与研究与发展全时人员的关联性相较于其他类工具较小。

产业技术需求、法规管制、人事改革、中介机构、资金支持、税收优惠、校企合作、知识产权保护等科技政策工具对于研究与发展经费的影响较大，关联度均大于0.7，队伍建设、平台建设、政府采购、金融政策、教育教学改革等对研究与发展经费的影响略低于其他指标。

图3-22所示为十五类政策工具与浙江省地方高校科技投入初值像无量纲关系。

由图3-22可知，研究与发展经费相较于始点的变化速率与十五类政策工具更为接近，研究与发展全时人员较始点增速缓慢，与各类政策工具的相似性较低。具体来看，教育教学改革、金融政策、政府采购、平台建设、队伍建设这几项工具由于相较于始点增速较快，与科技投入指标关联度较低，其他各项科技政策工具相对于始点的变化速率与科技投入指标更为接近，与上述灰色综合关联度的分析结果一致。

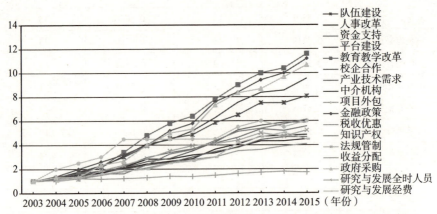

图3-22　十五类政策工具与浙江省地方高校科技投入指标初值像无量纲关系

从表3-34中来看，各类政策工具对于研究与发展经费的关联度较高，灰色综合关联度平均值为0.6831，最高值达到0.7357，最小值也在0.6之上；而政策工具与研究与发展全时人员的影响相对较小，灰色综合关联度平均值为0.5537。

表3-34　　　　　浙江省地方高校科技投入各指标受
各类政策工具影响的差异分析

统计结果	研究与发展全时人员	研究与发展经费
平均值	0.5537	0.6831
最大值	0.5855	0.7357
最小值	0.5301	0.6070
标准差	0.0170	0.0481

（二）政策工具与高校科技成果产出绩效的关联度分析

以十五类政策工具为比较序列，浙江省地方高校科技成果产出为参考序列，计算变量之间的关联度，结果见表3-35。

表 3 – 35　　各类科技政策工具与浙江省地方高校科技成果产出的
灰色绝对与相对关联度矩阵

政策变量	科技成果获奖		出版科技专著		发表学术论文	
	ε	r	ε	r	ε	r
队伍建设	0.5386	0.9678	0.50015	0.5055	0.5058	0.5619
人事改革	0.6705	0.7689	0.50020	0.5099	0.5013	0.6162
资金支持	0.5276	0.8076	0.50013	0.5082	0.5082	0.5941
平台建设	0.5444	0.9839	0.50015	0.5051	0.5051	0.5560
教育教学改革	0.5789	0.8920	0.50018	0.5041	0.5029	0.5454
政府采购	0.65	0.9470	0.50020	0.5047	0.5015	0.5518
校企合作	0.5987	0.8215	0.50019	0.5078	0.5023	0.5900
产业技术需求	0.5709	0.7571	0.50018	0.5096	0.5032	0.6126
中介机构	0.6154	0.7457	0.50019	0.5100	0.5020	0.6178
项目外包	0.7903	0.9333	0.50021	0.5060	0.5008	0.5668
金融政策	0.5836	0.9151	0.50018	0.5044	0.5027	0.5481
税收优惠	0.6032	0.8076	0.50019	0.5082	0.5022	0.5941
知识产权	0.5718	0.8217	0.50018	0.5078	0.5031	0.5900
法规管制	0.5473	0.7988	0.50016	0.5084	0.5048	0.5969
收益分配	0.6278	0.7006	0.50019	0.5119	0.5018	0.6443

根据计算结果进一步计算灰色综合关联度，计算结果见表 3 – 36。

表 3 – 36　　各类科技政策工具与浙江省地方高校科技成果产出的
灰色综合关联度矩阵

政策变量	科技成果获奖 Y_1		出版科技专著 Y_2		发表学术论文 Y_3	
	ρ	排名	ρ	排名	ρ	排名
队伍建设	0.7532	4	0.5028	8	0.5339	10
人事改革	0.7197	7	0.5051	2	0.5588	3
资金支持	0.6676	13	0.5042	5	0.5512	5
平台建设	0.7642	3	0.5026	9	0.5306	12

政策变量	科技成果获奖 Y_1		出版科技专著 Y_2		发表学术论文 Y_3	
	ρ	排名	ρ	排名	ρ	排名
教育教学改革	0.7355	6	0.5021	12	0.5242	15
政府采购	0.7985	2	0.5025	10	0.5267	13
校企合作	0.7101	8	0.5040	6	0.5462	9
产业技术需求	0.6640	15	0.5049	3	0.5579	4
中介机构	0.6806	11	0.5051	2	0.5599	2
项目外包	0.8618	1	0.5031	7	0.5338	11
金融政策	0.7494	5	0.5023	11	0.5254	14
税收优惠	0.7054	9	0.5042	5	0.5482	7
知识产权	0.6968	10	0.5040	6	0.5466	8
法规管制	0.6731	12	0.5043	4	0.5509	6
收益分配	0.6642	14	0.5060	1	0.5731	1

从灰色综合关联度结果看，浙江省各类科技政策工具与于浙江省高校科技成果产出指标均具有密切的相关性，灰色综合关联度均大于0.5。项目外包、政府采购、平台建设、队伍建设、金融政策、教育教学改革、人事改革、校企合作、税收优惠等科技政策工具对于科技成果获奖的影响最大，均大于0.7。中介机构、法规管制、资金支持、收益分配与产业技术需求对于成果获奖的影响要稍低于其他类政策工具。各类科技政策工具对于浙江省地方高校科技著作的影响均较小，约为0.50，表明科技政策工具对于科技著作的影响并不明显。收益分配、中介机构、人事改革、产业技术需求、资金支持、法规管制等政策工具对于学术论文发表的影响较大，关联度均高于0.55。项目外包、平台建设、政府采购、金融政策、教育教学改革等对于发表学术论文的关联度稍低于其他类政策工具。

图3-23所示为十五类政策工具与浙江省地方高校科技产出指标的初值像无量纲关系。

由图3-23可知，浙江省地方高校科技成果获奖初值像相较于始点的变化趋势与十五项科技政策工具的相似程度要远高于学术论文发表量和科技专著出版数这两个指标，其中项目外包、平台建设、政府采购、金融政策、教育教学改革等工具的变化速率要稍高于其他类政策工具，由于科技成果获奖在2005—2009年增幅也较大，故总体来看，这些政策工具与科技成果获奖的关联度较高。也正是由于这些工具由于增幅较大，与学术论文发表量及科技专著出版数的关联度较低。这与上述灰色综合关联度的分析结果一致。

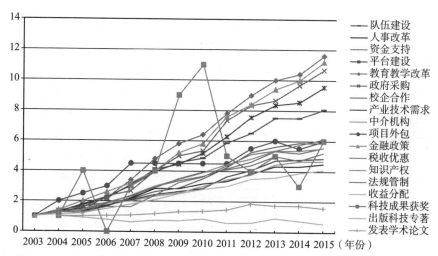

图3-23 十五类政策工具与浙江省地方高校科技产出指标的初值像无量纲关系

表3-37是对地方高校科技成果产出各指标受科技政策影响的差异情况的描述性统计，横向来看，各类政策工具对于科技成果获奖的影响最大，灰色综合关联度的均值为0.7229，最大值达到了0.8618，最小值也在0.66以上；对于学术论文发表的影响排名第二，灰色综合关联度的均值为0.5445；而其对于科技著作的影响相对较低，灰色综合关联度的平均值只有0.5038。

表3-37　　　　　浙江省地方高校科技成果产出各指标受
　　　　　　　　各类政策工具影响的差异分析

统计结果	科技成果获奖	出版科技专著	发表学术论文
平均值	0.7229	0.5038	0.5445
最大值	0.8618	0.5021	0.5731
最小值	0.6640	0.5060	0.5242
标准差	0.0560	0.00122	0.0148

（三）政策工具与高校科技成果转化绩效的关联度分析

以十五类政策工具为比较序列，浙江省地方高校科技成果转化为参考序列，计算变量之间的关联度，结果见表3-38。

表3-38　各类科技政策工具与浙江省地方高校科技成果转化的灰色绝对与相对关联度矩阵

政策变量	专利申请数		专利授权数		专利出售当年实际收入		技术转让当年实际收入	
	ε	r	ε	r	ε	r	ε	r
队伍建设	0.5058	0.5726	0.5083	0.5228	0.5048	0.8042	0.5012	0.8353
人事改革	0.5013	0.5386	0.5019	0.5122	0.5011	0.9375	0.5003	0.6785
资金支持	0.5081	0.5477	0.5117	0.5150	0.5068	0.9627	0.5017	0.7204
平台建设	0.5050	0.5801	0.5072	0.5252	0.5042	0.7755	0.5011	0.8703
教育教学改革	0.5028	0.5989	0.5041	0.5311	0.5024	0.7231	0.5006	0.9571
政府采购	0.5015	0.5931	0.5021	0.5273	0.5012	0.7545	0.5003	0.9008
校企合作	0.5023	0.5706	0.5033	0.5157	0.5019	0.9426	0.5005	0.7304
产业技术需求	0.5032	0.5399	0.5045	0.5126	0.5026	0.9517	0.5007	0.6843
中介机构	0.5019	0.5381	0.5028	0.5120	0.5016	0.9316	0.5004	0.6761
项目外包	0.5008	0.5672	0.5011	0.5212	0.5006	0.8284	0.5002	0.8105
金融政策	0.5027	0.5934	0.5038	0.5294	0.5022	0.7363	0.5006	0.9316
税收优惠	0.5022	0.5477	0.5031	0.5150	0.5018	0.9626	0.5005	0.7205
知识产权	0.5031	0.5499	0.5045	0.5157	0.5026	0.9424	0.5007	0.7306
法规管制	0.5047	0.5464	0.5068	0.5146	0.5039	0.9764	0.5010	0.7141
收益分配	0.5017	0.5311	0.5025	0.5098	0.5015	0.8523	0.5004	0.6437

根据计算结果进一步计算灰色综合关联度，计算结果见表3-39。

从表3-39的灰色综合关联度结果看，浙江省各类科技政策工具与浙江省高校科技成果转化指标均具有密切的相关性，灰色综合关联度均大于0.5。教育教学改革、金融政策、政府采购、平台建设、队伍建设等政策工具对专利申请的影响较大；法规管制、产业技术需求、人事改革、中介机构、收益分配等工具对专利申请的影响程度相对较小。由于专利授权数的多少与专利申请数密切相关，各类科技政策工具对专利授权数的影响程度大致与其对专利申请数相当。法规管制、资金支持、税收优惠、产业技术需求、知识产权保护、校企合作、人事改革、中介机构等对专利出售当年实际收入的影响最大，关联度均大于 0.7；队伍建设、平台建设、政策采购、金融政策、教育教学改革对于专利出售当年实际收入的影响要稍低于其他科技政策工具，但也均大于 0.6，各项工具对于专利出售当年实际收入的影响显著。教育教学改革、金融政策、政府采购、平台建设、队伍建设、项目外包等对于技术转让实际收入的影响最大，均大于 0.65；法规管制、产业技术需求、人事改革、中介机构、收益分配等科技政策工具对于技术转让当年实际收入的影响稍低于其他类科技政策工具。

表 3 - 39   各类科技政策工具与浙江省地方高校科技成果转化的灰色综合关联度矩阵

政策变量	专利申请数		专利授权数		专利出售当年实际收入		技术转让当年实际收入	
	ρ	排名	ρ	排名	ρ	排名	ρ	排名
队伍建设	0.5392	5	0.5156	4	0.6545	11	0.6683	5
人事改革	0.5200	13	0.5071	14	0.7193	7	0.5894	13
资金支持	0.5279	8	0.5134	6	0.7348	2	0.6111	9
平台建设	0.5426	4	0.5162	3	0.6399	12	0.6857	4
教育教学改革	0.5509	1	0.5176	1	0.6128	15	0.7289	1
政府采购	0.5473	3	0.5147	5	0.6279	13	0.7006	3
校企合作	0.5365	6	0.5095	10	0.7223	6	0.6155	8
产业技术需求	0.5216	12	0.5086	12	0.7272	4	0.5925	12
中介机构	0.5200	14	0.5074	13	0.7166	8	0.5883	14
项目外包	0.5340	7	0.5112	7	0.6645	10	0.6554	6
金融政策	0.5481	2	0.5166	2	0.6193	14	0.7161	2
税收优惠	0.5250	10	0.5091	11	0.7322	3	0.6105	10
知识产权	0.5265	9	0.5101	9	0.7225	5	0.6157	7
法规管制	0.5256	11	0.5107	8	0.7402	1	0.6076	11
收益分配	0.5164	15	0.5062	15	0.6769	9	0.5721	15

图 3-24 所示为十五类政策工具与浙江省地方高校专利申请与授权初值像的无量纲关系。

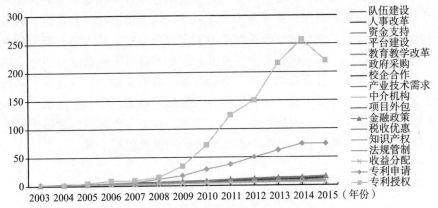

图 3-24　十五类政策工具与浙江省地方高校专利申请与授权初值像无量纲关系

由图 3-24 可知,专利申请与授权初值像相较于始点的增长幅度要远高于十五类政策工具,故各项政策工具由于增幅较小,多聚集在一起。专利申请与各项政策工具的相似度要略高于专利授权数,各项政策工具与专利申请与授权的相关性虽有差异,但大致相似,与上述灰色关联度的研究结论一致。

图 3-25 所示为十五类政策工具与浙江省地方高校专利出售与技术转让当年实际收入初值像的无量纲关系。

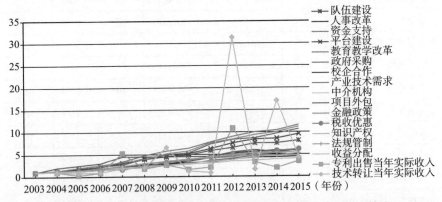

图 3-25　十五类政策工具与浙江省地方高校专利出售与技术转让

当年实际收入初值像无量纲关系

观察图 3 - 25 可知，十五类政策工具初值像与专利出售当年实际收入及技术转让当年实际收入具有高度相关性，尤其是专利出售当年实际收入与各项科技政策工具的趋势几乎重合，技术转让当年实际收入的初值像虽有大幅度波动，但其增长幅度与各类政策工具增长幅度基本吻合，符合上文灰色关联度的计算结果。其中，技术转让当年实际收入在 2011 年和 2013 年相较于始点的增长速率大，故导致其初值像的总体增长量较高，其与队伍建设、平台建设、政策采购、金融政策、教育教学改革、项目外包等增长量处于第一梯队的政策工具关联度较高，而这些政策工具与专利出售当年实际收入的关联度较低，主要是因为专利出售当年实际收入初值像的增幅低于第一梯队政策工具的增幅，其初值像只在 2011 年处于相对高位，2011 年之前及 2011 年之后，增幅均与法规管制、资金支持、税收优惠、产业技术需求、知识产权保护等处于第二梯队的政策工具相当。

接着分析表 3 - 40 的浙江省地方高校科技成果转化指标受科技政策影响的差异情况。横向来看，各类政策工具对专利出售当年实际收入的影响最大，灰色综合关联度平均值达 0.6874，最高值为 0.7402，最低值也高于 0.61，说明供给、需求、环境类政策在促进专利出售中发挥重要作用。政策工具对于技术转让当年实际收入的影响排名第二，灰色综合关联度均值达 0.6372，最高值为 0.7289，最低值也在 0.57 之上，说明各类政策工具推动校企技术合作。专利申请与专利授权受科技政策的影响相对较小，灰色综合关联度平均值分别为 0.5321 和 0.5116，表明浙江要积极采取多项措施鼓励地方高校专利申请。

表 3 - 40　　浙江省地方高校科技成果转化各指标受
各类政策工具影响的差异分析

统计结果	专利申请	专利授权	专利出售当年实际收入	技术转让当年实际收入
平均值	0.5321	0.5116	0.6874	0.6372
最大值	0.5509	0.5176	0.7402	0.7289
最小值	0.5164	0.5062	0.6128	0.5721
标准差	0.0114	0.0038	0.0468	0.0510

三、主要结论与政策建议

（一）主要结论

对 1996—2017 年浙江省颁布的 377 项促进高校科技成果转化的科技政策进行梳理，通过政策数量、政策力度、政策工具等编码类目对科技政策进行了量化计量，揭示了 1996—2017 年浙江省科技政策在数量、力度及供给、需求、环境三类政策工具上的逻辑演进。并对 2004—2016 年浙江省地方高校科技投入、科技成果产出、科技成果转化绩效现状予以分析，结合政策编码数据，计算了科技政策各项指标与浙江省地方高校科技成果转化各指标之间的灰色综合关联度，得出以下结论。

（1）依据政策力度及政策数量变化情况，浙江省所颁布的促进高校科技成果转化科技政策可以划分为三个主要阶段。1996—2005 年，新增政策数量与政策力度较低，且呈小幅增长，但此阶段所颁布的科技政策平均力度较大；2006—2017 年，新增科技政策数量与力度增长幅度最大，快速发展；2009—2017 年新增政策数量与政策力度保持高位，且趋于平稳，但政策平均力度最低。

（2）1996—2017 年浙江省促进高校科技成果转化科技政策中，使用的供给类政策工具占比最多；其次为环境类政策工具与需求类政策工具。供给类政策工具中，资金支持与平台建设占比最多；环境类政策工具中，法规管制与知识产权保护政策工具占比最多；需求类政策工具中，产业技术需求与校企合作类政策工具占比最多。

（3）1996—2017 年浙江省促进高校科技成果转化科技政策多为单部门独立颁布，联合颁布政策数量占比相对较小；但自 1996 年以来，联合颁布政策数量得到了较大提高，部门协同合作得到加强；其中，2006—2008 年的各项科技政策平均参与部门数量最多。

（4）1996—2017 年，浙江省科技政策主题发生了较大变化，1996—2005 年，科技政策关注"法规条例""体制改革""科技奖励与专项资金""人才队伍""高新技术产业""农业与海洋科技"等；2006—2008 年，科技政策聚焦于"科技规划与计划""高校创新能力""项目管理""知识产权保护""平台建设"等；2009—2017 年科技政策除重心于"科技规划""高新技术产业""人才队伍"外，还着力于"资金管理""金融支持""可持续发展"及"技术市场建设"。

（5）1996 年以来，浙江省已逐步形成了以科技规划为战略层，以法规条例、科技奖励、人才队伍建设、资金与项目管理、高新技术产业、知识产权保护、创新载体建设、科技体制改革、教育教学改革、税收与金融支持为综合层，以十五类科技政策工具为工具层的促进高校科技成果转化政策体系，从资源供给、市场培育、环境构建三个方面促进高校科技成果转化。

（6）浙江省地方高校 2004—2016 年在科技人力投入、科技成果产出、科技成果转化与江苏省存在较大差距。科技投入方面，科学家和工程师占研究与发展全时人员比例波动较大，科技队伍结构不稳定；研究与发展经费占 GDP 比例较低，有待提高；科技产出方面，科技著作、学术论文与成果获奖与江苏省差距较大，科技著作数量呈现下降趋势；成果转化方面，专利申请与专利授权数量虽较大，但是结构不合理，发明专利占比较低，实用新型与外观设计专利占比过高，专利出售当年实际收入与技术转让当年实际收入与江苏省差距较大。

（7）浙江省科技政策各项指标与高校科技投入、科技成果产出、科技成果转化呈正相关，表明浙江省的系列科技政策带动了科技投入、推动科技成果产出与科技成果转化。科技投入方面，科技政策各指标对研究与发展经费影响较大，对研究与发展全时人员影响较小；科技产出方面，对科技成果获奖、学术论文发表量影响较大，对科技著作的影响较小；科技成果转化方面，科技政策各指标对专利出售当年实际收入及技术转让当年实际收入的影响显著，极大促进了高校与企业的科技合作，对专利申请与授权数的影响则相对较小。

（二）政策建议

浙江省科技政策的各指标与高校科技成果转化各指标间存在正相关性，在促进高校科技投入、科技产出，尤其在提高高校专利出售与技术转让上成效显著，但也凸显出一些问题，故提出以下政策展望。

（1）注重科技政策地方立法。1996—2017 年，浙江省颁布的科技政策之中，地方法规条例仅占政策总量的 3.18%，通知类科技政策数量达到了 40.58%，且这些法规条例多在"九五"期间颁布，虽经多次修订，但"十一五"以来，新颁布的条例较少。列出的被引用政策中也多为发展规划、成果奖励办法，并无法规条例，表明已颁布的促进科技成果转化相关法规条例对其他科技政策的指导作用较弱。但力度较弱的政策条款对科技成果转化行为主体的规范约束作用始终较小，且仅限于管理。地方法规在地方其他各类政策之中，力度最高，约束力最强，对高校科技成果转化的作用最强。此外，高力度的地方法规也是形成高校科技成果转化治理体系的重要内容。

（2）浙江省促进高校科技成果转化的专项科技政策较为缺乏，多为普适性政策，应着重从科技政策的数量向重视科技政策的质量转变。1996—2017年浙江省颁布的科技政策之中，针对高校科技成果转化这一主体的政策数量稀少，政策存量对于研究与发展全时人员、研究与发展经费、科技著作、学术论文、专利申请与授权、专利出售当年实际收入等科技成果转化指标关联度排名均靠后，关联度较低，各类促进高校科技成果转化工具散布在其他综合类科技政策之中。为建设以企业为主体的产学研合作体系，浙江省颁布一系列促进企业科技创新的政策，促进高校科技成果转化政策仅是其中很小的一部分。省教育厅虽是促进高校科技成果转化科技政策制定的主要部门，但其颁布的科技政策类型多为奖项与平台申报类等政策，这类政策不仅力度较低，有效性也仅限于当年，省教育厅应联合省科技厅、省财政厅等其他部门，制定专门针对高校的科技成果转化政策，尤其应针对科技成果转化的薄弱环节，如科技著作出版数、专利申请与专利授权结构等。

（3）合理使用各类政策工具，提高使用绩效。2006年以来，随着科技政策数量不断地增加，浙江省科技政策所使用的三类政策工具呈差异化发展，虽然促进科技成果转化的科技政策体系已经逐步形成，但所使用的政策工具结构并不合理，其中供给类政策工具占比最多，而需求类政策工具与环境类政策工具占比较少，供给类科技政策虽为高校科技成果转化带来了必要的科技资源，但随着成果转化体系的逐渐完善与形成，尤为需要环境类政策工具为科技成果转化创造良好的市场秩序和转化环境。从各类政策工具与科技成果转化各指标关联度来看，部分政策工具与科技成果转化指标的关联度较低，如政府采购、金融支持、中介机构、收益分配等政策工具与多个成果转化指标关联度较低，各项政策工具发挥作用不平衡，个别政策工具的作用微乎其微。在政策工具运用过程中，既要重视需求与环境政策工具的重要作用，也要提高各项政策工具使用的绩效水平。

第四章

浙江省地方高校科技创新力研究

——基于 R&D 投入的实证分析

第一节　浙江省地方高校 R&D 投入与科技创新力现状分析

地方高等院校的科技创新活动是一个知识创造的过程。这便要求高校在各级政府及相关部门的支持下，通过投入经费、人力资源和基础设施等，积极承担研究任务，充分发挥高校在科学研究中的重要作用，而高校创新力体现在多种创新资源的有效整合与配置下的研究成果的产出与转化。提升高校创新力旨在提升高校将研究成果转化为生产力，服务地方经济与社会发展的能力。通过分析当前浙江省地方高校 R&D 投入及其创新力的现状与问题，有助于激发浙江省地方高校的科技创新活力，切实提升浙江省区域科技实力与综合竞争力。

一、浙江省地方高校基本情况

高校数量、招生人数、在校师生数等情况是高校科研水平的一个侧面体现，了解浙江省高校基本情况对于了解浙江省地方高校创新力水平有重要辅助作用。

近十年来，浙江省高校数量稳中有增，硕博士招生数量、在校生数目快速增加，教职工数也相应增加，相较 2007 年研究生招生数 12326 人，

2016 年研究生招生数增加到 22246 人，几乎翻了一倍，在校研究生人数由 31409 人上升至 67232 人，增加了 114%；较研究生招生数目与在校生数的增长幅度，教职工人数由 2007 年的 73704 人增加至 2016 年的 90200 人，仅增长了约 22.4%，二者增幅略不匹配，具体见表 4-1。

表 4-1   2007—2016 年浙江省高等学校基本情况

年份	学校数/所	招生数/人		在校学生数/人		毕业生数/人		教职工数/人	专任教师数/人
		本专科	研究生	本专科	研究生	本专科	研究生		
2007	77	249749	12326	777982	31409	183863	7387	73704	45622
2008	77	265696	13691	832224	35812	203203	8944	75986	47795
2009	78	261361	16184	866496	43381	218226	7941	77852	49516
2010	80	260111	16575	884867	47991	233741	11156	79785	50969
2011	104	271285	17565	907482	51846	238448	13046	81384	52296
2012	105	280824	18748	932292	54369	247537	15112	83843	54154
2013	106	283353	19535	959629	57801	244860	15592	85381	56000
2014	108	284285	20164	978216	60511	253708	16535	87375	58076
2015	108	287809	21496	991149	63528	263981	17117	88744	59472
2016	108	288798	22246	996143	67232	273343	17801	90214	60477

注：2011 年起包含独立学院。

二、浙江省地方高校科技创新投入能力分析

（一）浙江省地方高校 R&D 经费投入

1. 2016 年各省地方高校 R&D 经费投入对比

科技活动经费是科技研发活动开展的重要支撑，是衡量高校科技创新能力的重要指标。2016 年浙江省地方高校研究与发展投入总额为 1560996 千元，在全国地方高校中排名第五位，广东、江苏、辽宁、上海位列浙江之前。2016 年浙江省地方高校研究与发展经费支出总额为 1217572 千元，居全国第六位，江苏省、广东省、辽宁省、河南省、上海市位列浙江省之前。具体情况如图 4-1 所示。

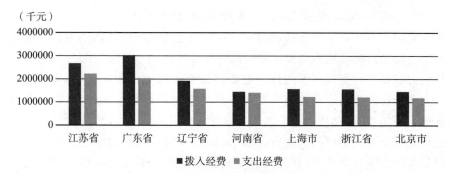

图 4 – 1　2016 年地方高校 R&D 经费支出前六名情况比较

　　整体看，浙江省地方高校 R&D 经费投入与支出在全国范围内居于前列，可以看出浙江省对地方高校研发工作的重视度。从人均上来看，2016年全国地方高校 R&D 人均经费可用额度为 9.69 万元，浙江省地方高校人均 R&D 经费占有额为 11.18 万元，高出全国平均水平 15%，但与其他经济发展较快的教育大省比，情况不容乐观，低于江苏省地方高校 R&D 经费人均水平 22.0%，在全国范围内排名第 15 位。由此可见浙江省地方高校人均 R&D 经费可支配额待进一步的改善，具体情况见表 4 – 2。

表 4 – 2　　　　　　　　2016 年东部十省地方高校 R&D 投入情况

地区	R&D 经费支出总额/千元	R&D 人员/人	R&D 经费人均占有额/万元	全国排名
合计	23583047	243273	9.694067	—
北京市	1190277	13503	8.814908	19
天津市	697159	7308	9.539669	18
河北省	769912	9792	7.862663	23
上海市	1231549	9068	13.58126	5
江苏省	2227073	15539	14.33215	3
浙江省	1217572	10888	11.1827	15
福建省	500304	8147	6.14096	26
山东省	980942	17127	5.72746	27
广东省	2029511	15227	13.32837	6
海南省	136130	785	17.3414	2

2. 2007—2016 年浙江省地方高校 R&D 经费投入

党的十六届五中全会强调增强自主创新能力，建设创新型国家的重大战略与发展目标。地方高校是我国高等教育体系的重要组成部分，地方高校创力的提升对实现国家的这一重要目标有着深远作用。高校 R&D 活动作为高校科技创新活动的核心要务，其高效的开展要求 R&D 经费的有力支撑。当前我国 R&D 经费普遍较为匮乏，提升 R&D 投入经费的使用效率变得尤为重要。了解我国地方高校 R&D 经费投入及使用情况，对认识和调配浙江省地方高校 R&D 经费有重要指导意义。根据《高等学校科技统计资料汇编（2007—2016 年）》相关数据整理出全国地方高校 R&D 经费投入值。

如图 4 - 2 所示，近十年全国地方高校 R&D 经费投入及使用总量整体均呈上升趋势，各类研究经费增幅显著。其中基础经费占总经费比例有显著提升，由 2007 年占总经费比例的 22% 增长至 2016 年 38%，增幅显著；应用研究经费占总经费的比例有所减少，由 62% 下降到 50%；试验发展经费占总经费的比例也略有降低，自 2007 年 17% 降低到 2016 年的 12%。

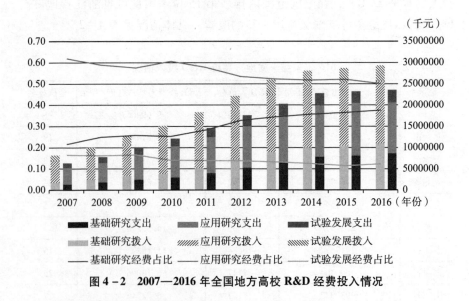

图 4 - 2　2007—2016 年全国地方高校 R&D 经费投入情况

《国家中长期科学和技术发展规划纲要（2006—2020）》对我国 15 年的科技工作进行了总体部署，确立了"自主创新，重点跨越，支撑发展，引领未来"的指导方针，提出了建设创新型国家的总体目标。加强基础研究是提高我国原始创新能力、积累智力资本的重要途径，是跻身世界科技强国的必要条件，是建设创新型国家的根本动力和源泉。上述 2 中数据正是顺应国家政策发展的体现，增加地方高校 R&D 经费投入，尤其是基础经费占比对提升国家基础创新力有着重要的作用。

整理近十年《高等学校科技统计资料汇编（2007—2016 年）》浙江省地方高校 R&D 经费相关数据，得出浙江省地方高校 R&D 经费投入使用及各类研究经费情况如图 4 - 3。浙江省地方高校 R&D 经费投入及使用指标总体呈上升趋势，投入年均增长率达 12.4%，最高为 2010 年，增长率达 17.3%。总体经费使用率呈现稳中有升态势，由 2007 年 71.15% 增加至 2016 年 78.00%，其中试验发展经费使用率增速较基础研究与应用发展研究更加显著。基础研究经费占总体经费的比例由 2007 年的 20% 增加至 2016 年的 32.46%，应用研究经费占比呈现下降态势，由 2007 年 70.35% 下降到 2016 年的 58.44%，试验发展研究占比呈现浮动态势，总体变化不大，在 2013 年上升至 18%，2016 年恢复到 10% 左右。

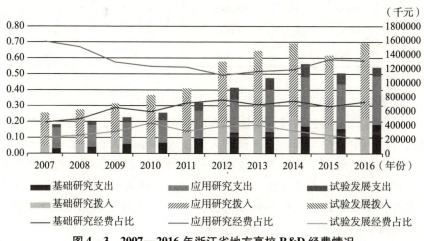

图 4 - 3　2007—2016 年浙江省地方高校 R&D 经费情况

（二）浙江省地方高校 R&D 人力投入

1. 2016 年各省地方高校 R&D 人力投入

高校规模不断扩大，经济资本与人力资本投入也在不断发展之中，但想要了解一个地区人力投入的适合与否，势必要将其置于全国范围内进行比较。从表 4 - 3 可看出，浙江省 R&D 人员投入量为 10888 人，居全国第

8位，较山东的17127人，江苏的15539人和北京的13503人有较大差距，尤其在北京部属院校聚集，地方院校较少的情况下，R&D人员却依旧位于浙江省之前，证明浙江省人力资源的投入力度还有待进一步提升。

表4-3　　　　　　　　2016年十省区市地方高校R&D人员投入情况

地区	R&D人员/人	排名	R&D人员中科学家和工程师数/人	R&D全时人员数/人·年	R&D全时人员中科学家和工程师数/人·年
北京市	13503	5	12972	8103	7783
天津市	7308	16	7202	4387	4323
河北省	9792	11	9760	5876	5857
上海市	9068	12	8942	5435	5362
江苏省	15539	2	15530	9317	9313
浙江省	10888	8	10743	6532	6443
福建省	8147	13	7926	4887	4752
山东省	17127	1	16860	10271	10111
广东省	15227	4	14728	9138	8840
海南省	785	29	784	470	469

2. 2007—2016年浙江省地方高校R&D人力投入

高校科研人员是高校科技创新活动的主要参与者，是高校科技创新力提升过程中的核心推动力，科研人员投入的量与质直接影响高校科技创新的效果。近年来，随着高校在社会与经济发展中战略地位的不断提升，我国高校科研人才队伍不断发展壮大，科研人员的数量与质量也有所提升。浙江省地方高校R&D研究人员投入近十年来总体呈现上升的趋势，如图4-4所示。

由图4-4可知，各类研究人员数量均呈现增长态势，基础研究人员自2007年的2958人增长至2016年5783人；应用研究人员自2007年的2326人增长至2016年4193人；试验发展人员自2007年的484人增长至2016年555人。其中各类研究人员占研究人员总数的比例有浮动，但总体占比无明显变化，基础研究人员占总体比重稳定在50%～60%；应用研究人员在35%～42%；试验与发展人员占比较少，基本处于10%以下。

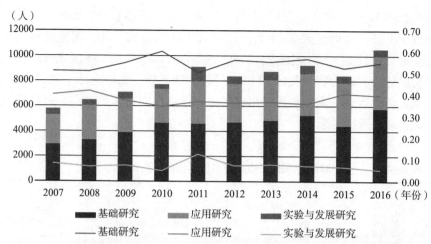

图 4 - 4 2007—2016 年浙江省地方高校 R&D 人员投入及各类研究人员占比情况

（三）浙江省地方高校科技创新产出能力分析

体现高校科技创新产出的主要形式包括学术论文与科技著作数、科技奖励数、专利申请数及其授权数等。科技论文能够反映高校科研工作的开展状况是否紧跟其领域的前沿水平，其中在国外著名科技期刊上发表论文的数量是衡量科技产出质量的重要指标之一。相较于学术论文与著作，专利更贴近实践，是高校在发明创造及校企合作等知识产权方面绩效评价的一项重要指标。国家级科技奖励与省部级科技奖励是为了奖励在科学技术进步活动中作出突出贡献的公民与组织，调动科学技术工作者的积极性和创造性，加速科学技术事业的发展，提高综合国力而设立的系列奖项，是科技创新产出优秀成果的重要体现。从浙江省地方高校科技产出创新力的历年发展与 2016 年各省地方高校科技产出创新力两个方向出发对浙江省科技产出创新力进行分析。

1. 2016 年各省地方高校科技创新产出分析

从总体看，浙江省地方高校各项科研产出量均位于全国前 40%。其中表现最好的为授权专利数（10004 件）及授权发明专利数（2998 件）均位列全国第二名，仅次于江苏。学术论文发表数量达 17979 篇与第一名江苏的 46076 篇还有较大差距，但发表于国外期刊论文数 6400 篇，虽不及江苏，其全国排名位次较学术论文数的 12 名上升到全国第六名，可见浙江省地方高校发表的科技论文质量表现良好。进入 ESI 全球前 1% 的学科数量达到 21 个，位居全国第 11 名，较第一名上海还有较大差距。科技著作数 361 部，位列全国第 14 名，第一名为江苏省 923 部。国家级科技成果奖励数计分 14 分，全国排名第八，第一名江苏 32 分。（国家级科技成果奖励计分方式为特等奖计 10 分，一等奖计 5 分，二等奖计 3 分。）由此可见，浙江省地方高校科研产出在各方面还有很大进步的空间。具体情况见表 4－4，图 4－5。

表 4－4　　　　　2016 年东部十省地方高校科技创新产出情况

地区	学术论文数/篇	全国排名	国外期刊发表论文数/篇	全国排名	进入ESI全球前1%的学科数量/个	全国排名	科技著作数/部	全国排名	国家级科技成果奖励数计分	全国排名	授权专利数/件	全国排名	授权发明专利数/项	全国排名
北京市	17371	13	5112	8	21	11	362	13	25	2	1733	19	1146	7
天津市	10354	23	2801	21	7	19	105	26	3	19	964	21	428	20
河北省	22852	6	4837	9	5	20	414	12	13	10	2537	12	789	13
上海市	12223	19	5626	7	88	1	309	15	3	19	2207	15	1235	4
江苏省	46076	1	16362	1	37	6	923	1	32	1	11492	1	3869	1
浙江省	17979	12	6400	6	21	11	361	14	14	8	10004	2	2998	2
福建省	9816	24	2449	22	5	20	203	21	0	27	2221	14	749	14
山东省	23905	5	7164	4	9	18	657	3	24	3	5701	3	2001	3
广东省	31058	3	9353	2	4	22	418	11	15	7	3368	8	987	9
海南省	2768	29	815	27	14	16	85	27	0	27	226	28	48	28

2. 2007—2016 年浙江省地方高校科技创新产出分析

2007 年以来，浙江省地方高校科技产出总体上有大幅提升，2007—2016 年，学术论文数量、国外期刊论文发文数、科技著作数、国家级科技成果奖励数、授权专利数及授权发明专利数等增幅均在 50% 以上，值得一提的是授权专利数及授权发明专利数增幅达到 30 倍左右，这其中不乏个人及整个社会对产权更加重视等因素的作用，浙江省对地方高校发展中发明创造的重视也是不容小觑的。具体数据见表 4－5。就增长速度而言，浙江省地方高校授权发明专利数一直处于增长状态，且在 2008 年增幅达到最大。

具体增长趋势如图4-6所示。

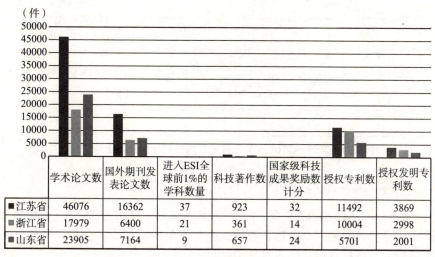

	学术论文数	国外期刊发表论文数	进入ESI全球前1%的学科数量	科技著作数	国家级科技成果奖励数计分	授权专利数	授权发明专利数
■江苏省	46076	16362	37	923	32	11492	3869
■浙江省	17979	6400	21	361	14	10004	2998
■山东省	23905	7164	9	657	24	5701	2001

■江苏省　■浙江省　■山东省

图4-5　2016年江浙鲁地方高校科研成果产出情况

表4-5　　　　2007—2016年浙江省地方高校科技创新产出情况

年份	学术论文数/篇	发表于国外期刊/篇	科技著作数/部	国家级科技成果奖励数计分	授权专利数/件	授权发明专利数/项
2007	11466	1591	238	9	258	110
2008	12479	1066	284	12	408	180
2009	13963	2329	275	27	941	307
2010	14364	3566	325	33	1964	477
2011	15419	4703	223	15	3402	643
2012	19695	6229	229	12	4114	1089
2013	18418	6269	343	15	5914	1454
2014	18354	5750	282	11	7034	1667
2015	16750	5410	212	20	6026	1939
2016	17979	6400	361	14	10004	2998

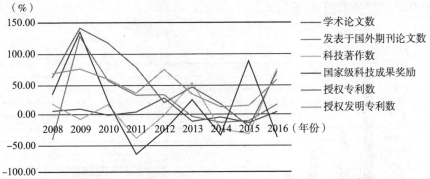

图 4 - 6　2007—2016 年浙江省地方高校科技创新产出增幅情况

（四）浙江省地方高校科技创新支撑能力

高校 R&D 活动的开展依托于多因素的支持，其中最重要的是经费支持，从经费来源的三个渠道，政府、企事业单位及其他资金投入来分析浙江省地方高校科技创新的支撑能力。

1. 2016 年各省地方高校创新支撑能力分析

在资金支撑力方面，数据显示，广东省政府投入经费占比 70% 以上，位居全国前列，但其企事业单位投入资金并不多。江苏位居全国第二名，北京第三名，浙江省屈居全国第四名，且企事业单位拨入经费与其他来源投入经费占比有明显的优势，具体数据如图 4 - 7 所示。

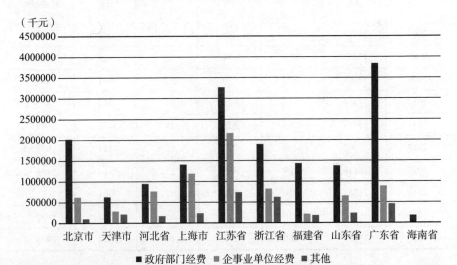

图 4 - 7　2016 年部分地区地方高校科研经费投入情况

2. 2007—2016 年浙江省地方高校科技创新支撑能力

因地方高校科技经费的详细数据获取具有一定难度，以包括浙江大学在内的所有浙江省高校 2007—2016 年的科技经费为基础，从整体中探析浙江省地方高校科技经费来源的发展趋势。2007—2016 年浙江省对高校的科研投入总额逐年增长，从 2007 年的 350014 万元增长至 2016 年的 972426 万元。其中政府的投入力度也在不断增强，自 2007 年政府拨款 178132 万元增长至 2016 年的 580644 万元，政府拨款占科技经费拨入总额的比例由 2007 年的 58.89% 稳步增长至 2016 年的 59.71%，说明政府对浙江省地方高校的科技创新发展越发重视，对科技创新的投入力度不断增强，具体情况如图 4 – 8 所示。

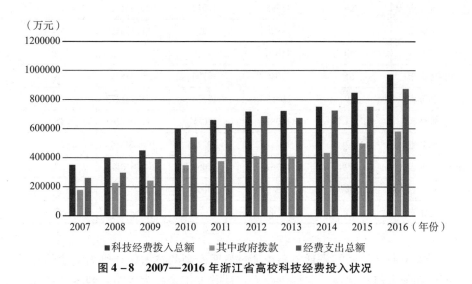

图 4 – 8　2007—2016 年浙江省高校科技经费投入状况

（五）浙江省地方高校社会服务创新能力

服务地方经济发展是地方高校的重要职能。新时代背景下的经济社会发展对高等院校的要求也越来越高。地方高校作为高等教育系统的重要组成部分，应积极主动地融入地方经济发展、服务地方科技创新。专利的转让与出售、技术的转让与出售都是高校服务地方经济发展最直接的体现。

1. 2016 年全国地方高校社会服务创新能力分析

2016 年全国地方高校单项专利实际出售平均金额为 10.9 万元，浙江省为 7.5 万元，已低于全国平均水平，居全国第 18 位。北京市单项专利实际出售均额达 62. 15 万元，位列全国第一位，可见北京市专利质量高于浙江，且差距较大。技术成果转让方面，浙江省地方高校单笔合同均转让费为 17. 43 万元，不足北京的 1/4，且未达到全国平均水平（26. 04 万元）。具体数据见表 4 - 6。

表 4 - 6　　　　2016 年各省地方高校服务地方发展专利转化情况

地区	专利售出合同数/份	专利出售合同金额/千元	专利出售实际收入/千元	单项专利实际出售平均金额/千元	"均额"全国排名
合计	1548	284822	169201	109. 30297	—
北京市	24	15795	14917	621. 54167	1
天津市	18	928	928	51. 555556	24
河北省	39	11610	4510	115. 64103	8
上海市	61	22086	18706	306. 65574	3
江苏省	470	30295	19374	41. 221277	26
浙江省	161	15087	12081	75. 037267	18
福建省	102	11717	10221	100. 20588	13
山东省	59	8261	6054	102. 61017	12
广东省	78	66310	10060	128. 97436	7
海南省	1	40	40	40	27

　　综上所述，浙江省地方高校通过发明专利的技术转让等为企业的技术创新和地方经济快速发展提供助力，从其十年来技术发明专利各项指标的数量与质量的增长看，已经取得了很大的进步，但较江苏、山东等地还有较大差距。

2. 2007—2016 年浙江省地方高校社会服务创新能力分析

　　2007—2016 年，浙江省地方高校专利售出合同数虽整体呈现上升趋势，但单项专利实际出售的平均金额呈逐年递减的趋势，这主要是因为 2007 年到 2016 年以来实体经济主体的发展乏力，企业对技术专利的购买力下降，因此浙江省地方高校专利产出效益较低。技术转让情况与专利售出情况基本一致，总体上并未出现大幅提升，但值得欣慰的是，其单笔合同平均技术转让额稳中有升、循序渐进，较 2007 年 90. 49 千元，2016 年

增加了21.9%；其中2014年技术转让均值达到最高的14万元，具体情况
见表4-7与表4-8。

表4-7　　2007—2016年浙江省地方高校服务地方发展专利转化

时间	专利售出 合同数/份	专利出售合同 金额/千元	专利出售实际 收入/千元	单项专利实际出售 平均金额/千元
2007	75	16681	12585	167.80
2008	33	7515	4265	129.24
2009	56	8512	6297	112.45
2010	49	4980	3820	77.96
2011	47	5800	4957	105.47
2012	154	39784	26081	169.36
2013	54	20050	7900	146.30
2014	56	5140	4700	83.93
2015	109	20981	8281	75.97
2016	161	15087	12081	75.04

表4-8　　2007—2016年浙江省地方高校服务地方发展科技成果转化

时间	科技成果转让 合同数/份	技术转让合同 总额/千元	技术转让实际 收入/千元	单笔合同平均技术 转让额/千元
2007	367	52165	33209	90.49
2008	194	31019	19204	98.99
2009	205	36073	22285	108.71
2010	349	52722	43136	123.60
2011	410	66010	54123	132.01
2012	446	89130	53947	120.96
2013	346	85176	46477	134.33
2014	241	61164	34463	143.00
2015	338	84231	44598	131.95
2016	336	58567	37079	110.35

第二节　浙江省地方高校科技创新力
评价指标和模型构建

一、浙江省地方高校科技创新力评价指标的构建

(一) 高校创新力指标的选取原则

评价指标的选取是高校科技创新力水平评价的第一步, 直接关系到最终评价结果的科学性与实用性。高校科技创新力评价体系是由多要素构成的多元化且多层次的复杂统一体。因此, 要想尽可能完善、科学地评价高校科技创新力水平, 为高校科技创新力的评价提供科学、有效的参考依据, 须遵循以下几项原则。

(1) 整体性与独立性相结合的原则。高校科技创新力水平影响着科技创新活动每个阶段。时至今日, 关于高校科技创新力评价学术界依然没有一个完全权威的指标体系, 高校科技创新力的评价是一个不断发展完善的过程, 其指标繁杂, 要想尽可能科学完善地评价高校科技创新力水平, 指标的选取需充分了解前人研究成果及当下高校发展的实际情况, 有所侧重地选取符合自身评价内容的指标, 不仅要尽可能面面俱到, 而且要相互独立。面面俱到是为了对高校科技创新力有个整体的把握, 不遗漏、不过分注重。相互独立, 是让指标间避免交叉, 体现出不同代表性及意义, 以保证测评结果的精确性。因此, 指标的选取, 既要避免过于庞杂, 尽可能简化, 又需避免因指标过于简化、单一而影响测评结果。

(2) 动态适应性与静态稳定性相结合的原则。高校科技创新活动是一个不断发展的过程, 高校科技创新力发展也是不断提高的动态过程, 高校科技创新力的评价要捕捉能够体现其发展潜力及趋势的动态指标, 挖掘其发展规律及国内外科技发展趋势, 为探究影响高校科技创新力发展的动态因素提供依据。除此之外, 指标的选取还需反映出一个高校、一个地区甚至一个国家当下的科技综合实力的现状, 要能够反映当前社会条件下, 高校科技创新力的总体状况及区域、校域相互之间的优劣势情况, 其差距与

不足等具体情况。因此，在指标选取上，既要体现高校科技创新力的动态适应性发展，又要体现其静态稳定性下的总体及相互间的状况，以求对高校科技创新力水平有个更为科学的掌控。

（3）指导性与可行性相结合的原则。指标体系的建立，其目的在于通过科学评价高校科技创新力水平，为提升高校科技创新力水平提供指导性参考。一是要力求为政策的制定者与决策者在制定各类政策及决策时，引导其以提升高校科技创新力为目标，协调各项政策，确保政策决策的制定不偏离高校科技创新力的轨道；二是引导高校在提升科技创新力的过程中，明确自身各层面的优势与不足，明确前进的方向。可行性是指指标的客观性、可操作及可获取性，原始数据需便于检索，优先选取可量化的、含义明确的客观的数据。高校科技创新力评价指标的选取不仅要具有指导意义，也要尽可能可量化，以彰显其科学性与客观性。

（二）高校科技创新力指标的选取

通过归纳梳理高校创新力评价研究、政策绩效评价、投入产出效率分析等领域众多学者的研究成果，同时结合《中国科技统计年鉴2007—2016》《中国教育统计年鉴2007—2016》《中国高等学校科技资料汇编2007—2016》及《中国教育经费统计年鉴2007—2016》等相关资料，从高校科技创新的多维影响因素出发，以R&D投入为视角，以服务地方经济发展作为高校创新的重要目的，并结合高校科技创新力的理论基础与浙江省地方高校实际情况，对高校科技创新力评价指标进行了整理与筛选，初步设计出包含四个一级指标；十个二级指标；37个三级指标的高校创新力评价系统。

1. 高校科技创新投入能力

高校科技创新需要大量人力、物力与资金的投入，尤其是R&D经费的投入。R&D活动是高校科技创新活动的核心及主要构成部分，高校R&D经费的投入是高校开展自主创新工作的主要动力支撑，更是推动高校R&D活动的必要条件。

知识经济时代，人才作为科技自主创新的主体，是科技创新活动中最为活跃且重要的因素，是创新发展的根本推动力。欧洲大学协会《高等教育的创新力2007》研究报告中曾指出，人力资本具有非常大的潜力。人力资本投入是大学创新的重要来源，人力资本投入愈加多元化、愈加丰富，其优秀人才就越多，高校创新力的动力就越强，愈加富有活力。只有不断获取丰富的人力资本，不断招贤纳才，才能坚实高校创新的基础，才能不断提升高校及地区的创新力。而对人才投入能力主要通过地方高校 R&D 人员、R&D 人员中科学家与工程师的比例、R&D 全时人员数、R&D 全时人员中科学家与工程师的比例四个指标来衡量。

　　人力资本是高校创新的灵魂，经费投入是高校创新的土壤。从高校科技活动、创新活动过程来看，在基础研究、应用研究及试验发展的各项科研活动都需要大量的资金支撑，资金的投入是保障科研活动顺利推进的物质基础，经费投入是保证科技创新持续发展的重要因素。巧妇难为无米之炊，没有经费的人才在科研创新的道路上寸步难行。毫无疑问，经费投入能力必然是科技创新投入能力的重要体现。依照整体性与独立行的原则，经费投入能力指标主要包括基础研究经费、应用研究经费、试验发展经费、R&D 经费占科技经费筹集总额比例、R&D 人员人均经费占有额，具体见表 4-9。

表 4-9　　　　　　　　　高校科技创新投入能力指标选取

一级指标	二级指标	三级指标	单位	编号
科技创新投入能力	人才投入能力	R&D 人员	名	A_1
		R&D 人员中科学家和工程师的比例	%	A_2
		R&D 全时人员数	名	A_3
		R&D 全时人员中科学家和工程师的比例	%	A_4
	经费投入能力	基础研究经费	千元	A_5
		应用研究经费	千元	A_6
		试验发展经费	千元	A_7
		R&D 经费占科技经费筹集总额比例	%	A_8
		R&D 人员人均经费占有额	千元	A_9

2. 高校科技创新产出能力

　　科技创新产出能力是高等院校科技创新能力水平最直接的体现，也是科技创新活动开展效果的标尺，科研成果的质量直接关系到高校下一步科技创新活动的发展规划。科技成果的丰裕程度也必将影响各地区高校科研活动的工作开展与人员信心。从整体上看，高校科研产出创新力大体可以分为两类：一是高校知识产出创新能力，二是高校技术产出创新能力。

　　高校科研活动中，研究人员科研产出首先便是论文、著作等显性知识成果，也是理论研究领域最主要的科研成果。主要选取学术论文数、国外发表论文所占比例、地方高校进入 ESI 全球前 1% 的学科数量、科技著作数、国家级科技成果奖励数计分及省部级科技成果奖励计分六个三级指标来衡量高校的知识产出创新能力，其中需要说明的是，国家级科技成果奖励数计分方式为：特等奖计 10 分，一等奖计 5 分，二等奖计 3 分，省部级科技成果奖励每项计 1 分。

　　科技创新产出不仅包括知识创新产出，技术创新产出更是其精华所在，其见效速度较知识产出而言更快，且更加明显。高校技术创新产出成果主要体现在专利、科学技术奖励等显性成果上，他们更容易带来直接的经济效益，更加贴近社会实际。因此，技术产出创新能力能够很好地体现高校的科研产出创新力，其评价指标主要采取授权专利数、授权发明专利数、授权发明专利占授权专利的比重及 R&D 成果应用项目数。见表 4 – 10。

表 4 – 10　　　　　　　　　高校科技创新产出能力指标选取

一级指标	二级指标	三级指标	单位	编号
科研产出创新力	知识产出创新能力	学术论文数	篇	B_1
		国外发表论文所占比例	%	B_2
		进入 ESI 全球前 1% 的学科数量	个	B_3
		科技著作数	部	B_4
		国家级科技成果奖励数计分	分	B_5
		部门科技进步奖	项	B_6
		直辖市科技进步奖	项	B_7
	技术产出创新能力	授权专利数	件	B_8
		授权发明专利数	件	B_9
		授权发明专利占授权专利的比重	%	B_{10}
		R&D 成果应用项目数	项	B_{11}

3. 高校科技创新支撑力

高校科技创新的开展需要高校各项资源与基础条件作支撑，高校科技创新支撑能力是高校科技创新力的基石，是高水平创新成果产出的前提与保证。没有高校科技创新支撑力做保证，高校科技创新力将成为"无米之炊"。高校科技创新支撑力主要包括科研基础设施、人才培养能力、国际合作交流能力和资金支持能力，见表4-11。

表4-11　　　　　　　　高校科技创新支撑能力指标选取

一级指标	二级指标	三级指标	单位	编号
高校科技创新支撑力	科研基础设施	研究与发展机构数	所	C_1
		研究与发展项目数	项	C_2
	人才培养能力	研发活动研究生参与人数	人	C_3
		国家级精品课程	个	C_4
	国际合作交流能力	国际学术会议主办	次	C_5
		出国合作交流派遣	人次	C_6
	资金支持能力	政府拨入经费	千元	C_7
		企事业单位拨入经费	千元	C_8
		其他	千元	C_9

任何科研活动的开展都需要多种环境相互配合，科研基础设施是研发活动开展的基本要素，科研机构的多寡反映了一所高校或一个地区的创新规模，能体现高校及地方对于科技创新的重视。R&D项目开展数是科技创新生命力的一个体现，代表着高校及地区科技创新的发展潜力。科研技术设施是高校科技创新的物力支撑，主要用研究与发展机构数及研究与发展项目数来衡量。

人才培养能力是高校的基本职能之一，人才培养首先服务于高校的创新发展，而后服务于地方经济与社会的发展。培养人才是一个激发青年人创新思维的过程，有助于创新成果的催生；培养人才是一个教学相长的过程，有利于教师队伍的创新发展；培养人才是一个服务自身创新发展的过程。科技创新的过程必须有新生优秀人才的不断加入，才能蓬勃发展而富有生机。硕博士研究生是高校科技创新活动中的主要辅助人员和支撑力量，与高校人才培养的发展目标相辅相成，互助前行。人才培养是高校科技创新的基础支撑力之一，主要通过研发活动研究生参与人数和国家级精品课程两个三级指标来衡量。

在经济全球化、信息化的今天，世界各国关系日益密切，国际竞争日益激烈，我国科技创新水平虽提升迅速，但与发达国家还是有很大的差距。高等院校作为国家创新力的发源地，不能闭门造车，须走出国门积极开展国际交流合作，才能更好地获取国际最为先进与前沿的科技成果，才能更好地参与国家学术交流、提升学术话语权。国际交流与合作已成为体现高校科技创新力发展的标志之一，主要选取国际学术会议主办次数和出国合作交流派遣人次作为衡量高校国际合作交流能力的指标。

政府、企事业单位及其他部门对高校科技自主创新经费上的支持，以及科技经费筹集总额等指标都是高校科技创新支撑力的具体表现，经费的来源等各方面的支持都会激励高校科技自主创新的积极性，也可在一定程度上影响高校科技自主创新的方向，选取政府拨入经费、企事业单位拨入经费及其他作为评价指标。

4. 高校科技创新社会服务能力

一切创新创造活动最终目的是为社会服务。地方高校科技创新服务于社会发展主要表现在高校科技成果的转化上。依据《中华人民共和国促进科技成果转化法》，科技成果转化指的是，"为提高生产力水平而对科学研究与技术开发所产生的具有实用价值的科技成果所进行的后续试验、开发、应用、推广直至形成新产品、新工艺、新材料、发展新产业等活动。"成果转化是高校科技创新的最后环节，也是为高校科技创新成果赋予生命力的一个重要环节。

高校科技创新研究成果往往不能直接用于生产，成果与生产力之间还需市场媒介，结合高等教育的特殊性与高校服务地方发展的职能，将科技创新成果转化为生产力是高校社会服务能力的最佳体现。高校社会服务创新力最显著地表现为专利转化能力与技术转化能力。专利转化能力的评价主要包括专利售出合同数、专利出售合同金额、专利出售实际收入与单项专利出售平均金额。技术转化能力的评价主要通过高校科技成果转让合同数、技术转让合同总额、技术转让实际收入及单笔合同平均技术转让经费体现，见表4-12。

表 4 – 12　　　　　　　　高校科技创新社会服务能力指标选取

一级指标	二级指标	三级指标	单位	编号
高校科技创新社会服务能力	专利转化能力	专利售出合同数	份	D_1
		专利出售合同金额	千元	D_2
		专利出售实际收入	千元	D_3
		单项专利出售平均金额	千元	D_4
	技术转化能力	科技成果转让合同数	份	D_5
		技术转让合同总额	千元	D_6
		技术转让实际收入	千元	D_7
		单笔合同平均技术转让经费	千元	D_8

第三节　浙江省地方高校科技创新力的因子分析

一、因子分析的基本原理和模型构建

因子分析由英国心理学家 C. E. 斯皮尔曼提出，是一种从变量群中提取共性因子的数据统计技术。因子分析的主要目的是减少所分析变量的个数，通过对于各变量间相关关系的探测，将研究的原始变量重新进行分类，即将高相关的变量分为一组，并用其共性因子代表该组变量，而不同变量间的相关性较低，故每一类变量所代表的一个基本结构便是公共因子。

因子分析的主要计算过程包括：①验证原始数据是否适宜做因子分析；②将原始数据标准化，消除变量间在数量级及量纲上的不同；③求相关矩阵的特征值与特征向量；④计算方差贡献率及累积方差贡献率；⑤确定因子：设 F_1，F_2，…，F_n 为 n 个因子，其中前 m 个因子的累计方差贡献率达到一定规模时，取前 m 个因子来反映原始评价指标；⑥因子旋转：若所得的 m 个因子无法确定或其实际意义不是很明显，需将因子进行旋转以获得较为明显的实际含义；⑦用原指标的线性组合来求各因子得分：采用回归估计法，Bartlett 估计法或 Thomson 估计法计算因子得分；⑧综合得

分：以各因子的方差贡献率为权数，由各因子的线性组合得到综合评价指标函数；⑨利用综合得分可以得到得分名次。

二、浙江省地方高校科技创新力二级指标的因子分析

通过 SPSS 23.0 进行因子分析，数据来自 2016 年全国各地区地方高校统计数据。需强调的是研究对象是地方高校，而北京、江苏、上海等地部属院校云集，地方院校较少，且分到的各项投入资源也比较有限，因此可能会出现这些省份创新力得分较低的现象。

（一）浙江省地方高校科技创新投入能力

1. 数据可行性检验——KMO 检验

对各地区地方高校 $A_1 \sim A_9$ 这 9 个三级指标的原始数据进行 KMO 和 BARTLETT 检验，结果显示 KMO = 0.6，且球形度检验显著性为 0.000，见表 4 - 13。故认为此 9 个指标适于做因子分析。

表 4 - 13　　　　　全国各省区市地方高校科技创新投入能力数据可行性检验

KMO 和巴特利特检验		
KMO 取样适切性量数		0.636
Bartlett 的球形度检验	上次读取的卡方	647.376
	自由度	36
	显著性	0.000

2. 地方高校科技创新投入能力因子分析

在上述基础上对各省地方高校 R&D 投入进行因子分析，首先要对 9 个创新能力投入指标进行标准化，其次对各指标特征值、贡献率及累计贡献率进行计算，确定公共因子，见表 4 - 14。

表 4 - 14 中数据显示，前 3 个因子的累计贡献率 86.614%，因此取前 3 个因子代表上述 9 个指标，这 3 个因子所包含信息占到了原来的 86.614%。之后采取方差极大法作因子旋转，得到因子得分的系数矩阵与模型，见表 4 - 15。

表 4 – 14 地方高校科技创新投入因子总方差解释

组件	初始特征值			提取载荷平方和			旋转载荷平方和		
	总计	方差百分比/（%）	累积/（%）	总计	方差百分比/（%）	累积/（%）	总计	方差百分比/（%）	累积/（%）
1	4.055	45.055	45.055	4.055	45.055	45.055	3.995	44.388	44.388
2	2.518	27.978	73.033	2.518	27.978	73.033	2.244	24.931	69.319
3	1.222	13.581	86.614	1.222	13.581	86.614	1.557	17.296	86.614
4	0.601	6.677	93.291						
5	0.348	3.872	97.163						
6	0.192	2.135	99.298						
7	0.061	0.682	99.980						
8	0.002	0.020	100.000						
9	3.223E–7	3.582E–6	100.000						

提取方法：主成分分析。

表 4 – 15 全国各省区市地方高校科技创新投入能力
因子旋转矩阵及得分系数矩阵

旋转后的成分矩阵 a				成分得分系数矩阵			
项目	组件			项目	组件		
	1	2	3		1	2	3
Zscore（A_1）	0.956	–0.070	–0.246	Zscore（A_1）	0.254	0.055	–0.210
Zscore（A_2）	–0.084	0.977	0.110	Zscore（A_2）	0.020	0.460	–0.091
Zscore（A_3）	0.956	–0.070	–0.246	Zscore（A_3）	0.254	0.055	–0.210
Zscore（A_4）	–0.035	0.987	0.077	Zscore（A_4）	0.035	0.474	–0.119
Zscore（A_5）	0.838	–0.051	0.340	Zscore（A_5）	0.196	–0.045	0.209
Zscore（A_6）	0.880	0.022	0.290	Zscore（A_6）	0.212	0.002	0.159
Zscore（A_7）	0.571	0.358	0.525	Zscore（A_7）	0.138	0.111	0.281
Zscore（A_8）	–0.589	0.403	0.110	Zscore（A_8）	–0.137	0.152	0.035
Zscore（A_9）	–0.098	0.104	0.964	Zscore（A_9）	–0.068	–0.124	0.671

提取方法：主成分分析。　　　　　　　　提取方法：主成分分析。
旋转方法：Kaiser 标准化最大方差法。　旋转方法：Kaiser 标准化最大方差法。
a 旋转在 5 次迭代后已收敛。　　　　　组件评分。

由表 4 – 15 可得线性组合模型

$$F_1 = 0.254A_1 + 0.020A_2 + 0.254A_3 + 0.035A_4 + 0.196A_5$$
$$+ 0.212A_6 + 0.138A_7 - 0.137A_8 - 0.068A_9$$
$$F_2 = 0.055A_1 + 0.460A_2 + 0.055A_3 + 0.474A_4 - 0.045A_5$$
$$+ 0.002A_6 + 0.111A_7 + 0.152A_8 - 0.124A_9$$
$$F_3 = -0.210A_1 - 0.091A_2 - 0.210A_3 - 0.119A_4 + 0.209A_5$$
$$+ 0.159A_6 + 0.281A_7 + 0.035A_8 + 0.671A_9$$

由以上三个表达式可以看出，在第一个因子 F_1 中，A_1、A_3、A_5 及 A_6 的系数较大，且相差不大，故在此认为 F_1 代表了地方高校中从事 R&D 活动的基础投入规模。在第二个因子 F_2 中，A_2、A_4 系数较高，且相差比例不大，故认为 R&D 人员中科学家和工程师的比例、R&D 全时人员中科学家和工程师的比例是创新投入质量的重要因素。在因子 F_3 中，A_7 与 A_9 系数较高，尤其 A_9 系数较 A_7 有较大差距，故可认为 A_9 在地方高校科技创新投入能力中有着重要的作用。最终根据因子得分系数矩阵与各因子贡献率确定出地方高校科技创新投入能力的综合评价得分函数

$$A = 0.45055F_1 + 0.27978F_2 + 0.13581F_3$$

由此可以计算出 2016 年全国各省区市（不含港澳台）地方高校科技创新投入的得分 A，对得分 A 进行排序所得结果见表 4 – 16。

表 4 – 16　　　全国各省区市（不含港澳台）地方高校科技
创新投入能力因子得分排名

序号	地区	FAC_1	排名	FAC_2	排名	FAC_3	排名	A	排名
1	北京市	0.8943	5	- 2.09693	30	- 0.21751	18	- 0.21329	20
2	天津市	- 0.12822	18	0.19169	15	- 0.24889	19	- 0.03794	16
3	河北省	0.36003	10	0.85609	7	- 1.18442	28	0.240872	10
4	山西省	- 0.21325	21	0.24168	14	- 0.68434	24	- 0.1214	18
5	内蒙古	- 1.00101	25	0.46363	11	- 0.75609	25	- 0.42398	26
6	辽宁省	1.47986	3	1.37402	1	- 0.36994	20	1.000933	2
7	吉林省	0.01247	16	0.96197	5	- 1.03218	26	0.134578	12
8	黑龙江省	0.3743	9	- 0.56225	24	- 1.6854	30	- 0.21756	21
9	上海市	0.623	8	0.01632	18	1.1315	3	0.438928	5
10	江苏省	2.31811	1	1.24283	3	1.29647	4	1.568217	1

序号	地区	FAC_1	排名	FAC_2	排名	FAC_3	排名	A	排名
11	浙江省	0.86356	6	-0.05365	20	0.2628	13	0.409758	6
12	安徽省	0.65049	7	-0.149	22	-1.45512	29	0.053771	13
13	福建省	0.1069	14	-1.215	27	-0.64666	23	-0.37959	25
14	江西省	-0.09343	17	-0.00379	19	0.47638	11	0.021542	14
15	山东省	1.29265	4	0.08833	17	-1.70567	31	0.375469	7
16	河南省	0.21634	12	1.19186	4	2.09043	1	0.714832	3
17	湖北省	-0.14223	17	0.53561	10	0.62362	9	0.170465	11
18	湖南省	0.30787	11	-0.68818	25	-0.58425	22	-0.13318	19
19	广东省	1.97937	2	-1.74827	28	2.04754	2	0.680751	4
20	广西壮族自治区	0.14462	13	-1.80736	29	-1.1354	27	-0.5947	29
21	海南省	-1.48155	28	0.75868	8	0.86861	6	-0.33728	24
22	重庆市	-0.52844	23	-0.39242	23	0.63073	8	-0.26222	22
23	四川省	0.09527	15	0.74578	9	0.05885	15	0.259571	8
24	贵州省	-0.87161	24	0.45965	12	-0.49353	21	-0.33113	23
25	云南省	-0.16541	20	0.88181	6	0.6322	7	0.258046	9
26	西藏自治区	-1.541	30	-0.90916	26	0.35098	12	-0.901	30
27	陕西省	-0.24381	22	0.1174	16	0.55009	10	-0.00229	15
28	甘肃省	-1.06856	26	1.35189	2	-0.08177	16	-0.11431	17
29	青海省	-1.52034	29	-2.17796	31	1.36044	3	-1.10958	31
30	宁夏回族自治区	-1.57957	31	0.42085	13	0.08106	14	-0.58292	28
31	新疆维吾尔自治区	-1.14071	27	-0.09612	21	-0.1805	17	-0.56535	27

由表 4 - 16 可知，全国 31 个省区市（不含港澳台）中，江苏省、辽宁省、河南省、广东省的地方高校科技创新投入能力最强，上海市、浙江省紧随其后，主要是因为这些省份地理优势较强，或经济发展走势积极或教育资源丰富，拥有众多的 R&D 人员和大量的 R&D 经费。山东省、四川省、云南省、河北省、湖北省、吉林省、安徽省、江西省基本可以列为第二梯队，其地方高校创新投入能力在全国处于平均水平以上，属于较强范

畴。需要指出的是，北京市地方高校创新投入能力评价得分为 - 0.21329，其主要是由于北京市部属院校众多，地方院校所能享受到的资源投入非常有限，才造成当下结果。

综上所述，浙江省地方高校科技创新投入能力较强，但较江苏、辽宁二省还有较大的差距；上述数据显示，各项投入上，尤其在 A_2、A_4 两个指标上，浙江省更是低于全国平均水平，有待较大的提升。

（二）浙江省高校科技创新产出能力

1. 数据可行性检验——KMO 检验

对各地区地方高校科技创新产出能力的 11 个三级指标的原始数据（2016 年）进行 KMO 检验，结果显示 KMO =0.728，且球形度检验显著性为 0.000，见表 4 – 17。故认为此 11 指标适于做因子分析。

表 4 – 17　　　　全国各省区市地方高校科技创新产出能力数据可行性检验

KMO 和巴特利特检验		
KMO 取样适切性量数		0.728
Bartlett 的球形度检验	上次读取的卡方	365.740
	自由度	55
	显著性	0.000

2. 地方高校科技创新产出能力因子分析

在上述 1 的基础上对各省地方高校 R&D 投入进行因子分析，对各指标特征值、贡献率及累计贡献率进行计算，确定公共因子，见表 4 – 18。

表 4 – 18　　　　地方高校科技创新产出因子总方差解释

组件	初始特征值			提取载荷平方和			旋转载荷平方和		
	总计	方差百分比/(%)	累积/(%)	总计	方差百分比/(%)	累积/(%)	总计	方差百分比/(%)	累积/(%)
1	6.679	60.715	60.715	6.679	60.715	60.715	6.444	58.586	58.586
2	1.255	11.411	72.126	1.255	11.411	72.126	1.489	13.540	72.126
3	0.958	8.708	80.834						
4	0.825	7.499	88.333						

续表

组件	初始特征值			提取载荷平方和			旋转载荷平方和		
	总计	方差百分比/（%）	累积/（%）	总计	方差百分比/（%）	累积/（%）	总计	方差百分比/（%）	累积/（%）
5	0.431	3.917	92.250						
6	0.356	3.232	95.482						
7	0.224	2.038	97.521						
8	0.171	1.554	99.074						
9	0.066	0.599	99.674						
10	0.028	0.251	99.924						
11	0.008	0.076	100.000						

提取方法：主成分分析。

表 4-18 结果显示，前两个因子累计贡献率可达 72.126%，因此选取前两个因子代替原来的 11 个指标。而后选取方差极大法对标准化后的数据进行因子旋转，从而得到因子得分系数矩阵与模型，见表 4-19。

表 4-19　全国各省区市（不含港澳台）地方高校科技创新产出能力
因子旋转矩阵及得分系数矩阵

旋转后的成分矩阵 a			成分得分系数矩阵		
项目	组件		项目	组件	
	1	2		1	2
Zscore（B_1）	0.895	0.278	Zscore（B_1）	0.122	0.096
Zscore（B_2）	0.952	0.148	Zscore（B_2）	0.150	-0.011
Zscore（B_3）	0.177	0.640	Zscore（B_3）	-0.053	0.469
Zscore（B_4）	0.833	0.394	Zscore（B_4）	0.096	0.194
Zscore（B_5）	0.834	0.024	Zscore（B_5）	0.145	-0.091
Zscore（B_6）	0.817	-0.006	Zscore（B_6）	0.146	-0.112
Zscore（B_7）	0.377	0.624	Zscore（B_7）	-0.015	0.430
Zscore（B_8）	0.871	0.190	Zscore（B_8）	0.130	0.031
Zscore（B_9）	0.932	-0.022	Zscore（B_9）	0.169	-0.140

旋转后的成分矩阵 a			成分得分系数矩阵		
项目	组件		项目	组件	
	1	2		1	2
Zscore（B_{10}）	0.261	-0.629	Zscore（B_{10}）	0.129	-0.518
Zscore（B_{11}）	0.900	0.045	Zscore（B_{11}）	0.154	-0.084

提取方法：主成分分析。 提取方法：主成分分析。
旋转方法：Kaiser 标准化最大方差法。 旋转方法：Kaiser 标准化最大方差法。
a 旋转在 3 次迭代后已收敛。 组件评分。

由上述可得地方高校科技创新产出能力线性组合模型

$$F_1 = 0.122B_1 + 0.150B_2 - 0.053B_3 + 0.096B_4 + 0.145B_5 + 0.146B_6 - 0.015B_7 + 0.130B_8 + 0.169B_9 + 0.129B_{10} + 0.154B_{11}$$

$$F_2 = 0.096B_1 - 0.011B_2 + 0.469B_3 + 0.194B_4 - 0.091B_5 - 0.112B_6 + 0.430B_7 + 0.031B_8 - 0.140B_9 - 0.518B_{10} - 0.084B_{11}$$

分析上述两个表达式可以看出，对于第一个因子 F_1，B_1、B_2、B_5、B_6、B_8、B_9、B_{10} 及 B_{11} 的系数较大，且系数相差不大，在因子 F_1 中贡献率同等重要。对于因子 F_2 来说，其主要作用的是 B_3、B_4 及 B_7。最终根据因子得分系数矩阵与各因子贡献率确定出地方高校科技创新投入能力的综合评价得分函数

$$B = 0.60715F_1 + 0.11411F_2$$

由此可以计算出 2016 年全国各地区地方高校科技创新投入的得分 B，对 B 进行排序所得结果见表 4 – 20。

表 4 – 20　　　　全国各省区市（不含港澳台）地方高校科技
创新产出能力因子得分排名

序号	地区	FAC_1	FAC_2	B	排名
1	北京市	0.89969	-1.9919	0.318951	8
2	天津市	-0.44935	-0.84449	-0.36919	23
3	河北省	0.21298	0.35621	0.169958	11
4	山西省	-0.14391	-2.10461	-0.32753	22
5	内蒙古自治区	-0.86536	0.34044	-0.48656	24

序号	地区	FAC_1	FAC_2	B	排名
6	辽宁省	0.69385	0.93594	0.528071	5
7	吉林省	-0.58713	0.89573	-0.25426	20
8	黑龙江省	-0.40294	2.82057	0.07721	14
9	上海市	0.23542	0.30593	0.177845	10
10	江苏省	3.85726	-0.18356	2.320989	1
11	浙江省	1.16063	-0.12558	0.690347	2
12	安徽省	0.02894	0.92809	0.123475	12
13	福建省	-0.34802	-0.84913	-0.30819	21
14	江西省	-0.18223	0.65625	-0.03576	16
15	山东省	1.18417	-0.52979	0.658514	3
16	河南省	0.80948	1.45382	0.657371	4
17	湖北省	-0.06995	0.93885	0.064662	15
18	湖南省	-0.09501	1.32436	0.093437	13
19	广东省	0.86032	-0.05417	0.516162	6
20	广西壮族自治区	-0.00863	-1.21008	-0.14332	17
21	海南省	-1.11218	-0.23036	-0.70155	28
22	重庆市	-0.44818	0.35523	-0.23158	19
23	四川省	0.38894	-0.17209	0.216508	9
24	贵州省	-0.9477	0.05569	-0.56904	27
25	云南省	-0.32187	-0.05136	-0.20128	18
26	西藏自治区	-1.1959	-0.08495	-0.73578	29
27	陕西省	0.57039	-0.19376	0.324202	7
28	甘肃省	-0.71375	-0.69646	-0.51283	25
29	青海省	-1.15395	-0.62638	-0.7721	31
30	宁夏回族自治区	-1.04566	-1.03886	-0.75342	30
31	新疆维吾尔自治区	-0.81036	-0.37961	-0.53533	26

　　上述结果显示，江苏省地方高校科技创新产出能力最强；浙江、山东、河南地方高校科技创新产出能力较强，这得力于政府和高校自身对于

创新产出的重视度，但与江苏省地方高校科技创新产出能力差距较大。

（三）浙江省地方高校科技创新支撑能力

1. 数据可行性检验——KMO 检验

对各地区地方高校科技创新支撑力的 9 个三级指标的原始数据进行 KMO 检验，结果显示 KMO = 0.925，且球形度检验显著性为 0.000，见表 4 - 21。故认为此 9 个三级指标适于做因子分析。

表 4 - 21　　　全国各省区市（不含港澳台）地方高校科技创新支撑
能力数据可行性检验

KMO 和巴特利特检验		
KMO 取样适切性量数		0.925
Bartlett 的球形度检验	上次读取的卡方	264.255
	自由度	36
	显著性	0.000

2. 地方高校科技创新支撑能力因子分析

接着对全国各省地方高校科技创新支撑能力指标进行因子分析。首先对该 9 个三级指标进行标准化，其次对各指标特征值、贡献率及累计贡献率进行计算，从而确定公共因子，见表 4 - 22。

表 4 - 22　　　　地方高校科技创新支撑能力因子总方差解释

组件	初始特征值			提取载荷平方和			旋转载荷平方和		
	总计	方差百分比/(%)	累积/(%)	总计	方差百分比/(%)	累积/(%)	总计	方差百分比/(%)	累积/(%)
1	6.844	76.047	76.047	6.844	76.047	76.047	3.754	41.710	41.710
2	0.648	7.195	83.241	0.648	7.195	83.241	3.738	41.532	83.241
3	0.437	4.851	88.092						
4	0.278	3.091	91.183						
5	0.235	2.612	93.795						
6	0.186	2.067	95.862						

组件	初始特征值			提取载荷平方和			旋转载荷平方和		
	总计	方差百分比/（%）	累积/（%）	总计	方差百分比/（%）	累积/（%）	总计	方差百分比/（%）	累积/（%）
7	0.161	1.788	97.651						
8	0.124	1.374	99.025						
9	0.088	0.975	100.000						

提取方法：主成分分析。

表 4 - 22 结果显示，前两个因子累计贡献率可达 83.241%，能够较好地代表原本的 9 个指标。之后选取方差极大法对标准化后的数据进行因子旋转，从而得到因子得分的系数矩阵与模型，见表 4 - 23。

表 4 - 23　　　　全国各省区市（不含港澳台）地方高校科技创新
支撑能力因子旋转矩阵及得分系数矩阵

旋转后的成分矩阵 a			成分得分系数矩阵		
项目	组件		项目	组件	
	1	2		1	2
Zscore（C_1）	0.915	0.199	Zscore（C_1）	0.633	- 0.472
Zscore（C_2）	0.795	0.502	Zscore（C_2）	0.319	- 0.130
Zscore（C_3）	0.676	0.655	Zscore（C_3）	0.112	0.082
Zscore（C_4）	0.559	0.644	Zscore（C_4）	0.021	0.155
Zscore（C_5）	0.252	0.893	Zscore（C_5）	- 0.411	0.580
Zscore（C_6）	0.564	0.638	Zscore（C_6）	0.029	0.146
Zscore（C_7）	0.735	0.549	Zscore（C_7）	0.237	- 0.049
Zscore（C_8）	0.370	0.853	Zscore（C_8）	- 0.284	0.464
Zscore（C_9）	0.676	0.607	Zscore（C_9）	0.146	0.042

提取方法：主成分分析。　　　　　提取方法：主成分分析。
旋转方法：Kaiser 标准化最大方差法。　旋转方法：Kaiser 标准化最大方差法。
a 旋转在 3 次迭代后已收敛。　　　组件评分。

由上述旋转后的因子矩阵及因子的评分系数矩阵可以得出地方高校科

技创新支撑能力的线性组合模型

$$F_1 = 0.633C_1 + 0.319C_2 + 0.112C_3 + 0.021C_4 - 0.411C_5$$
$$+ 0.029C_6 + 0.237C_7 - 0.284C_8 + 0.146C_9$$
$$F_2 = -0.472C_1 - 0.130C_2 + 0.082C_3 + 0.155C_4 + 0.580C_5$$
$$+ 0.146C_6 - 0.049C_7 + 0.464C_8 + 0.042C_9$$

由以上线性方程组合可以看出，对于因子 F_1 来说，C_1、C_2、C_3、C_7、C_9 系数较大，其中系数影响最大的要数 C_1 与 C_2，因此可以看出，R&D 活动的规模可以良好体现一个省份地方高校的创新支撑力。对因子 F_2 来说，C_5、C_8 两个指标的系数最大，故此可以将 F_2 定义为科技协作因子。最后根据因子的得分系数矩阵与各因子贡献率确定出地方高校科技创新支撑力综合评分函数

$$C = 0.76047F_1 + 0.07195F_2$$

由此可以计算出 2016 年全国各地区地方高校科技创新支撑能力得分 C，对得分 C 进行排序，结果见表 4 – 24。

表 4 – 24　　　全国各省区市（不含港澳台）地方高校科技创新支撑能力因子得分排名

序号	地区	FAC_1	排名	FAC_2	排名	C	排名
1	北京市	0.03315	14	0.60183	4	0.068511249	14
2	天津市	− 0.36828	22	− 0.1755	14	− 0.292693117	22
3	河北省	− 0.31152	21	0.30749	6	− 0.214777709	20
4	山西省	− 0.37208	23	− 0.42968	21	− 0.313871154	23
5	内蒙古自治区	− 0.676	25	− 0.82682	30	− 0.573567419	25
6	辽宁省	1.81276	2	− 0.26258	17	1.359656966	2
7	吉林省	0.33656	10	− 0.77841	29	0.199937184	12
8	黑龙江省	− 0.29814	20	0.15166	7	− 0.215814589	21
9	上海市	− 2.09915	31	2.99052	2	− 1.381172687	31
10	江苏省	0.84126	6	3.65735	1	0.902899325	3
11	浙江省	1.04473	4	0.91222	3	0.860120052	4
12	安徽省	0.96487	5	− 0.34166	18	0.709172252	6
13	福建省	0.78131	7	− 0.34499	19	0.569340785	7

序号	地区	FAC_1	排名	FAC_2	排名	C	排名
14	江西省	0.1252	13	-0.14015	13	0.085127052	13
15	山东省	1.11118	3	-0.22168	16	0.829069179	5
16	河南省	0.59129	8	0.13919	10	0.459673027	8
17	湖北省	-0.2199	18	0.07518	11	-0.161818152	17
18	湖南省	0.2309	12	0.57489	5	0.216955859	11
19	广东省	2.86492	1	-0.354	20	2.153215412	1
20	广西壮族自治区	0.52186	9	-0.72441	26	0.344737575	9
21	海南省	-1.15853	27	-0.73349	27	-0.933801915	27
22	重庆市	-0.24289	19	-0.20448	15	-0.199422894	19
23	四川省	0.28662	11	0.13924	9	0.227984229	10
24	贵州省	-0.13428	15	-0.86378	31	-0.164264883	18
25	云南省	-0.16855	17	0.14652	8	-0.117635105	16
26	西藏自治区	-1.40418	30	-0.64744	24	-1.114420073	30
27	陕西省	-0.13529	16	-0.08056	12	-0.108680278	15
28	甘肃省	-0.63883	24	-0.77672	28	-0.541696054	24
29	青海省	-1.31468	29	-0.58448	23	-1.041828036	29
30	宁夏回族自治区	-1.21283	28	-0.50045	22	-0.958328208	28
31	新疆维吾尔自治区	-0.79149	26	-0.70483	25	-0.652616919	26

由表 4-24 中 31 个省区市（不含港澳台）地方高校 2016 年科技创新支撑力评价及排序结果可以看出，广东、辽宁地方高校科技创新支撑力在全国处于领先地位，江苏，浙江紧随其后，并且根据因子 F_1 与 F_2 的排名情况来看，浙江省总体水平处于均衡状态，处于全国前列。然后，就因子 F_1 来讲，浙江省较广东省与辽宁省还存在较大差距，因子 F_2 上，浙江省较江苏和上海差距明显。浙江省地方高校在主办国际学术会议与企事业单位投入经费上还需扩大规模，不断谋求进一步发展空间。

（四）浙江省地方高校科技创新社会服务能力

1. 数据可行性检验——KMO 检验

对各地区地方高校科技创新社会服务能力的 8 个三级指标的原始数据

进行 KMO 检验，结果显示 KMO = 0.636，且球形度检验显著性为 0.000，见表 4 - 25。故认为此 8 个三级指标适于做因子分析。

表 4 - 25　　　全国各省区市（不含港澳台）地方高校科技创新
支撑能力数据可行性检验

KMO 和巴特利特检验		
KMO 取样适切性量数		0.636
Bartlett 的球形度检验	上次读取的卡方	261.667
	自由度	28
	显著性	0.000

2. 地方高校科技创新社会服务能力因子分析

在上述基础上对全国各省地方高校科技创新社会服务能力指标进行因子分析。首先对该 8 个三级指标进行标准化，其次对各指标特征值、贡献率及累计贡献率进行计算，确定公因子，见表 4 - 26。

表 4 - 26　　　地方高校科技创新社会服务能力因子总方差解释

组件	初始特征值			提取载荷平方和			旋转载荷平方和		
	总计	方差百分比/(%)	累积/(%)	总计	方差百分比/(%)	累积/(%)	总计	方差百分比/(%)	累积/(%)
1	4.364	54.553	54.553	4.364	54.553	54.553	3.409	42.617	42.617
2	1.661	20.761	75.314	1.661	20.761	75.314	1.948	24.347	66.964
3	1.018	12.726	88.041	1.018	12.726	88.041	1.686	21.076	88.041
4	0.612	7.653	95.694						
5	0.211	2.635	98.328						
6	0.072	0.896	99.224						
7	0.045	0.568	99.793						
8	0.017	0.207	100.000						

提取方法：主成分分析。

结果显示，前三个因子累计贡献率达 88.041%，故选取此三个公共因子代替原有的八个指标。之后选取方差极大法对标准化后的数据进行因子旋转，从而得到因子得分的系数矩阵与模型，见表4-27。

表4-27　　　全国各省区市（不含港澳台）地方高校科技创新社会
服务能力因子旋转矩阵及得分系数矩阵

旋转后的成分矩阵 *a*				成分得分系数矩阵			
项目	组件			项目	组件		
	1	2	3		1	2	3
Zscore（D_1）	0.897	0.197	-0.193	Zscore（D_1）	0.333	0.079	-0.334
Zscore（D_2）	0.424	0.620	0.247	Zscore（D_2）	0.049	0.303	-0.020
Zscore（D_3）	0.571	0.795	0.019	Zscore（D_3）	0.117	0.459	-0.264
Zscore（D_4）	-0.187	0.858	0.256	Zscore（D_4）	-0.201	0.526	0.020
Zscore（D_5）	0.946	0.081	0.142	Zscore（D_5）	0.313	-0.085	-0.049
Zscore（D_6）	0.735	0.118	0.647	Zscore（D_6）	0.157	-0.161	0.371
Zscore（D_7）	0.793	0.027	0.561	Zscore（D_7）	0.201	-0.206	0.317
Zscore（D_8）	-0.024	0.368	0.877	Zscore（D_8）	-0.18	0.032	0.604

提取方法：主成分分析。　　　　　　　提取方法：主成分分析。
旋转方法：Kaiser 标准化最大方差法。　旋转方法：Kaiser 标准化最大方差法。
a 旋转在 26 次迭代后已收敛。　　　　组件评分。

结合表4-27旋转后的因子矩阵及因子评分系数矩阵可得出地方高校科技创新社会服务能力的线性组合模型

$$F_1 = 0.333D_1 + 0.049D_2 + 0.117D_3 - 0.201D_4 + 0.313D_5$$
$$+ 0.157D_6 + 0.201D_7 - 0.180D_8$$
$$F_2 = 0.079D_1 + 0.303D_2 + 0.459D_3 + 0.526D_4 - 0.085D_5$$
$$- 0.161D_6 - 0.206D_7 + 0.032D_8$$
$$F_3 = -0.334D_1 - 0.020D_2 - 0.264D_3 + 0.020D_4 - 0.049D_5$$
$$+ 0.371D_6 + 0.317D_7 + 0.604D_8$$

由以上线性方程组合可以看出，对于因子 F_1 来说，D_1、D_5 系数较大，可以看出技术的转让规模是地方高校服务地方发展中的重要体现。因子 F_2 中，D_2、D_3、D_4 三个指标系数较高，且 D_4 系数最大，可看出 D_4 能够很好地代表地方高校服务地方的质量。因子 F_3 中，起主要作用的是 D_6、D_7、D_8。最后根据因子得分系数矩阵与各因子贡献率确定出地方高校

科技创新社会服务能力的综合评分函数为

$$D = 0.54553F_1 + 0.20761F_2 + 0.12726F_3$$

由此可以计出 2016 年全国各地区高校科技创新社会服务能力得分 D，对得分 D 进行排序，得到表 4-28 的结果。

表 4-28　　　全国各省区市（不含港澳台）地方高校科技创新
社会服务能力因子得分排名

序号	地区	FAC_1	FAC_2	FAC_3	D	排名
1	北京市	-0.68365	2.46768	1.32781	0.308340561	9
2	天津市	-0.49526	-0.51708	-0.74144	-0.47188582	23
3	河北省	0.39995	-0.29692	0.12757	0.172775721	11
4	山西省	0.45431	-0.66885	0.2184	0.13677337	13
5	内蒙古自治区	-0.5717	-0.4626	-0.69228	-0.49601944	24
6	辽宁省	-0.30406	-0.05588	-0.68533	-0.26469019	17
7	吉林省	-0.37477	-0.79274	0.79979	-0.26724775	18
8	黑龙江省	-0.51304	-0.5247	-0.36285	-0.43498797	22
9	上海市	0.17323	1.93936	-0.60151	0.420584529	7
10	江苏省	4.15982	0.42123	-0.94754	2.236174225	1
11	浙江省	1.01448	0.42194	-0.83327	0.534986298	5
12	安徽省	1.18718	-0.14957	-0.00044	0.616534083	4
13	福建省	1.3227	-0.18826	0.0975	0.694895722	2
14	江西省	-0.65097	2.30702	0.3028	0.162371086	12
15	山东省	-0.04616	0.0692	-0.4229	-0.06463331	15
16	河南省	0.15435	1.26673	0.17517	0.369480505	8
17	湖北省	-0.32959	-0.24821	-0.40157	-0.28243591	19
18	湖南省	-0.37579	0.78444	0.05921	-0.03461207	14
19	广东省	0.25584	1.46462	1.80665	0.673552432	3
20	广西壮族自治区	-0.44204	-0.36975	-0.51604	-0.38358113	21
21	海南省	-0.61498	-0.63834	-0.70416	-0.55762721	29
22	重庆市	0.98373	-1.13229	1.60133	0.505364756	6
23	四川省	-0.2455	-0.17962	0.01428	-0.16940125	16

序号	地区	FAC_1	FAC_2	FAC_3	D	排名
24	贵州省	-1.3883	0.35418	1.23319	-0.52689223	25
25	云南省	-0.82636	-0.31963	-0.17049	-0.53885911	26
26	西藏自治区	0.40779	-1.99187	3.44965	0.247932007	10
27	陕西省	-0.40194	-0.18811	-0.91362	-0.37459113	20
28	甘肃省	-0.62823	-0.52748	-0.73704	-0.54602415	27
29	青海省	-0.53169	-0.79278	-0.82189	-0.55923562	30
30	宁夏回族自治区	-0.53169	-0.79278	-0.82189	-0.55923562	30
31	新疆维吾尔自治区	-0.55765	-0.65896	-0.83906	-0.54780027	28

由表 4-28 可知在地方高校科技创新服务地方发展上，江苏、福建、广东领跑全国，且江苏的 D 得分较其他省区市更为突出，原因可能在于不仅依靠江苏省的高等教育的历史沉淀，还得益于其经济社会的发展与政府政策的重视。浙江省居全国第五位，虽不及江苏、广东等地，但总体表现良好。

第五章

基于全国数据的浙江省地方
高校科技创新力比较分析

第一节　浙江省地方高校科技创新
效率的因子分析模型

一、评价方法及指标选取

（一）数据包络分析简介

数据包络分析（Data Envelopment Analysis，DEA）是在相对效率评价概念基础上发展起来的一种系统评价体系，DEA 作为分析多决策单元的多投入多产出的效率的评价方法，最早由 Charnes、Cooper 与 Rhodes 于 1978年提出。这种评价方法能够特别有效地处理多投入、多产出活动指标评价问题。其主要原理是将每一个待评价的单位或部门定义为一个决策单元（Decision Making Units，DMU），从而评价各 DMU 相对效率。它是根据各 DMU 的投入（Input）与产出（Output）的实际观察值，通过线性规划的方法对有效 DMU 进行线性组合，获得每个 DMU 的生产可能集（Production Possibility Set，PPS）(X_i, Y_j)，从而构成分段超平面，确定有效的生产前沿面（又称为包络面），以观察决策单元的投入产出间的对应关系，若被考察的 DMU 位于包络面上，则为 DEA 有效，反之则称之为非 DEA

有效。其主要优势在于无须提前设定生产函数，因而为数据的评价提供了良好的客观性，且能够简化算法，减少一定的误差，为需要改善的地方提供一定的解决方案。

　　DEA 方法的基本原理示意图如图 5–1。设有同质决策单元 5 个，分别为 A、B、C、D、E，每个决策单元均有一个产出要素 Y，两个投入要素，X_1，X_2，将所有决策单元的生产可能集均绘制于图中，A、B、D、E 四点所在的折线为等产量线，即 DEA 中的包络面，也就是生产前沿面。从技术角度，我们称这四个决策单元为 DEA 有效，而决策单元 C 与原点的连线与包络面交于 D 点，由此可见，C 所使用的资源显著高于 D 点，我们称之为非 DEA 有效，其中 C 点的技术效率等于 OD 比 OC 进行，当且仅当 $OD/OC=1$ 时，C 点为 DEA 有效。DEA 方法既可以在同类范围内进行横向的比较评价，也可以将自身作为参照系，进行纵向的历史进程分析。目前世界上进行 DEA 分析所使用的较为常见的两个基本模型包括 CCR 模型与 BBC 模型。

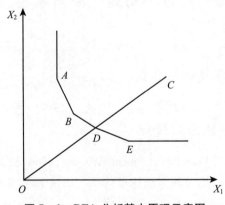

图 5–1　DEA 分析基本原理示意图

1. CCR 模型

　　CCR 模型是 DEA 的第一个模型，也是 DEA 的经典模型，是其他 DEA 模型发展的基础，由 Charnes、Cooper 与 Rhodes 共同提出。CCR 模型假设有 n 个决策单元 j（记为 DMU），每个决策单元都有 m 种类型的"输入"（或称投入，表示该决策单元对"资源"的耗费量，如 m 种生产要素的投入）以及 p 种类型的"输出"（或称产出，表示当消耗了"资源"之后，表明成效的一些指标，如产品数量、质量、经济效益等）。[1] 这 n 个 DMU 的投入数据和产出数据关系[2]见表 5 –1。

表 5 –1 决策单元的输出输入数据关系

指标＼部门＼权数			1	2	$\cdots$	j	$\cdots$	n
输入	1	v_1	x_{11}	x_{12}	$\cdots$	x_{1j}	$\cdots$	x_{1n}
	2	v_2	x_{21}	x_{22}	$\cdots$	x_{2j}	$\cdots$	x_{2n}
	$\vdots$	$\vdots$	$\vdots$	$\vdots$	$\vdots$	$\vdots$	$\vdots$	$\vdots$
	m	v_m	x_{m1}	x_{m2}	$\cdots$	x_{mj}	$\cdots$	x_{mn}
输出	1	u_1	y_{11}	y_{12}	$\cdots$	y_{1j}	$\cdots$	y_{1n}
	2	u_2	y_{21}	y_{22}	$\cdots$	y_{2j}	$\cdots$	y_{2n}
	$\vdots$	$\vdots$	$\vdots$	$\vdots$	$\vdots$	$\vdots$	$\vdots$	$\vdots$
	p	u_p	y_{p1}	y_{p2}	$\cdots$	y_{pj}	$\cdots$	y_{pn}

其中，x_{ij} 表示为第 j 个决策单元对第 i 种类型输入的投入量，$x_{ij} > 0$；y_{rj} 为第 j 个决策单元对第 r 种类型输出的产出量，$y_{rj} > 0$；v_i 为第 i 种类型输入的一种变量（或称权数）；u_r 是对第 r 种输出的一种变量（或称权数），$i = 1, 2, \cdots, m$；$r = 1, 2, \cdots, p$；$j = 1, 2, \cdots, n$。

各决策单元 j 的效率评价指数 h_j 为

$$h_j = \frac{\sum_{r=1}^{s} u_r y_{rj}}{\sum_{i=1}^{m} v_i x_{ij}}, \ j = 1, 2, \cdots, n$$

h_j 值越大，则效率越高，说明相对较少投入情况下取得了相对较多产出。CCR 模型标准型为

---

① 魏权龄. 评价相对有效性的数据包络分析模型——DEA 和网络 DEA ［M］. 北京：中国人民大学出版社，2012.

② 马占新，马生昀. 数据包络分析及其应用案例 ［M］. 北京：科学出版社，2013.

$$\begin{cases} \max \dfrac{\sum\limits_{r=1}^{s} u_r y_{rj}}{\sum\limits_{i=1}^{m} v_i x_{ij}} \\[3ex] \dfrac{\sum\limits_{r=1}^{s} u_r y_{rj}}{\sum\limits_{i=1}^{m} v_i x_{ij}} \leqslant 1, \ j=1,\ 2,\ \cdots,\ n \\[3ex] u_r \geqslant 0, \ r=1,\ 2,\ \cdots,\ p \\[1ex] v_i \geqslant 0, \ i=1,\ 2,\ \cdots,\ m \end{cases}$$

其对偶模型为

$$\begin{cases} \min \theta = h_{j0} \\[1ex] \text{s. t.} \ \sum\limits_{j=1}^{n} x_j \lambda_j \leqslant \theta x_{j0} \\[2ex] \sum\limits_{j=1}^{n} y_j \lambda_j \geqslant y_{j0} \\[2ex] \lambda_j \geqslant 0, \ j=1,\ 2,\ \cdots,\ n. \end{cases}$$

在对偶模型中分别引入剩余变量 s^+ 和松弛变量 s^-，可得线性规划模型为

$$\begin{cases} \min \theta = h_{j0} \\[1ex] \text{s. t.} \ \sum\limits_{j=1}^{n} x_j \lambda_j + s^- = \theta x_{j0} \\[2ex] \sum\limits_{j=1}^{n} y_j \lambda_j - s^+ = y_{j0} \\[2ex] \lambda_j \geqslant 0, \ j=1,\ 2,\ \cdots,\ n, \\[1ex] s^- \geqslant 0, \ s^+ \geqslant 0. \end{cases}$$

s^+，s^- 表示决策单元投入的冗余或产出的不足；λ_j，θ 为待估参量，为综合性效率值或技术效率值，当 $\theta < 1$ 时，为 DEA 无效，表示决策单元投入产出技术效率与规模效率为非最佳；当 $\theta = 1$ 时，且 s^+，s^- 均为 0 时，表示决策单元 DEA 有效，投入产出技术规模有效；当 $\theta = 1$，但至少某个输入或输出大于 0，表示决策单元为弱 DEA 有效，决策单元不是同为技术效率最佳和规模最佳。

2. BCC 模型

CCR 模型以假设规模报酬不变为基础，对线性约束的锥形有着严格的要求，不符合现实发展需求，因此，Banker，Charnes 与 Cooper 于 1984 年将 CCR 模型进行拓展，将其扩充为能够增加凸性的线性约束的 BCC 模型，BCC 假设规模报酬可变，将技术效率（TE）分解为纯技术效率（PTE）和规模效率（SE），即 TE = PTE * SE。通过增加对权重 λ 的约束条件，$\sum_{j=1}^{n} \lambda_j = 1$，利用最终得到的 θ 值为评定 DMU 的纯技术效率值。其基本模型[①]为

$$
\begin{cases}
\min\theta \\
\sum_{j=1}^{n} x_j \lambda_j \leqslant \theta x_0 \\
\sum_{j=1}^{n} y_j \lambda_j \geqslant y_0 \\
\sum_{j=1}^{n} \lambda_j = 1 \\
\lambda_j \geqslant 0, \ j = 1, 2, \cdots, n, \ \theta \text{ 为无限制}
\end{cases}
$$

其对偶模型为

$$
\begin{cases}
\text{Min}\theta \\
\sum_{j=1}^{n} \lambda_j x_j + s^- = \theta x_0 \\
\sum_{j=1}^{n} \lambda_j y_j - s^+ = y_0 \\
\sum_{j=1}^{n} \lambda_j = 1, \ \lambda_j \geqslant 0, \ j = 1, 2, \cdots, n \\
s^+, \ s^- \geqslant 0
\end{cases}
$$

当 $\theta = 1$ 时，且 s^+，s^- 均为 0 时，表示决策单元 DEA 技术有效，其他情况表明该 DEA 技术无效。在此，通过 CCR 模型得出的技术效率值与 BCC 模型的纯技术效率值的比值计算决策单元规模效率值[②]，进而评价该

---

① 魏权龄. 评价相对有效性的数据包络分析模型——DEA 和网络 DEA［M］. 北京：中国人民大学出版社，2012.

② Banker，R. D.，Charnes，A.，Cooper，W. W.. *Some Models for Estimating Technical and Scale Inefficiencies in Data Envelopment Analysis*［J］. *Management Science*，1984，30（9）：1078 - 1092.

决策单元的规模有效性。

（二）基于 DEA 模型的 Malmquist 指数介绍

基于 DEA 模型的 Malmquist 指数，即全要素生产率（Total Factor Productivity，TFP）指数分析，是 DEA 方法中处理面板数据最为常用的工具。Malmquist 指数最早是在 1953 年作为一种普通消费指数提出的，于 1982 年被运用到测算生产率的变化中，后在科学发展过程中，Malmquist 指数与 DEA 方法相结合被用于研究各领域、各部门及区域在一段时期内的生产率变化。它可以计算出被评价单元前后两个不同时期的距离函数比值，从而展示出这两个时期内的生产率变动情况。距离函数是某个生产点到包络面的距离，而包络面在不同时期会因生产可能集的变化而产程差异，因此便会产生不同的距离函数。

其基本原理简述如下，设 t 期为基期，(X^{t+1}, Y^{t+1}) 表示 $t+1$ 期的投入与产出量，(X^t, Y^t) 表示 t 期的投入产出量，则 t 期的 TFP 为：$M_t = D_t(X^{t+1}, Y^{t+1})/D_t(X^t, Y^t)$。其中 $D_t(X^{t+1}, Y^{t+1})$ 表示在 t 期所具备的技术条件下 $t+1$ 期的距离函数，$D_t(X^t, Y^t)$ 表示在 t 期所具备的技术条件下，t 期的距离函数。同理可得，$t+1$ 期的 TFP 为 $M_{t+1} = D_{t+1}(X^{t+1}, Y^{t+1})/D_{t+1}(X^t, Y^t)$。

TPF 表示的是综合效率变化指数，反映的是各 DMU 从 t 期到 $t+1$ 期对包络面的追赶程度，表示各 DMU 是否在更加接近于当期包络面的位置上开展投入产出活动，其结果可以在某种程度上反映出各 DMU 的管理水平变化情况。当 $TFP < 1$ 时，表示该决策单元综合效率呈现降低状态；当 $TFP = 1$ 时，表示该决策单元综合效率基本不变；而 $TFP > 1$ 时，则表示该决策单元的综合效率呈现上升趋势。

进一步看，Malmquist 指数所代表的综合效率变动指数可被分解为技术效率变化指数（Efficiency Change，Effch）与技术进步变化指数（Technical Change，Tech）。

$$Effch = D_{t+1}(X^{t+1}, Y^{t+1})/D_t(X^t, Y^t),$$

Effch 表示的是决策单元在两个不同时期向包络面移动的情况，体现的是各决策单元技术效率的变化情况。与 TPF 相同，当 $Effch < 1$ 时，表示该决策单元在 $t+1$ 期的技术效率较 t 期降低了；当 $Effch = 1$ 时，表示该决策单元的技术效率在两个时期内基本未发生变化；而当 $Effch > 1$ 时，则代表该决策单元在 $t+1$ 期的技术效率较 t 期有所提升。而 Effch 可进一步细

分为纯技术效率变化指数（Pech）与规模效率（Sech），因此，Malmquist
指数最终可由纯技术效率变化指数、规模效率变化指数与技术进步指数表
示，具体为

$$TFP = Effch \times Tech = Pech \times Sech \times Tech$$

（三）浙江省地方高校 R&D 投入与科研绩效产出效率指标选
取与数据来源

高校科研活动是一个复杂庞大的系统，高校研发活动与创新力的显性
体现是一种典型的多投入多产出活动，选取 DEA 方法评价浙江省地方高
校科技创新力绩效能较为简便、客观而有效地展现浙江省地方高校在科技
创新中投入产出的状况，进而发现问题、提出改善方向。

1. 浙江省地方高校科技创新绩效的数据来源

数据资料主要来自2007—2016 年《高等学校科技统计资料汇编》。因
指标中涉及技术转让，而《汇编》中对宁夏、青海、西藏这三省地方高校
的技术转让指标未进行统计，故在评价中主要选取了除宁夏、青海、西藏
之外的 28 个省份的地方高校，以尽可能对各省进行客观准确的评价。此
次评价的 28 个省份分别为：北京市、天津市、河北省、山西省、内蒙古
自治区（简称内蒙古）、辽宁省、吉林省、黑龙江省、上海市、江苏省、
浙江省、安徽省、福建省、江西省、山东省、河南省、湖北省、湖南省、
广东省、广西壮族自治区（简称广西）、海南省、重庆市、四川省、贵州
省、云南省、陕西省、甘肃省、新疆维吾尔自治区（简称新疆）。

2. 浙江省地方高校科技创新绩效指标的选取

通过对全国各省地方高校 R&D 投入产出效率的评价，分析浙江省地
方高校 R&D 投入产出效率，为提升浙江省地方高校创新力提供客观建议。
DEA 方法要求 DMU 的个数大于投入产出指标总量的二倍，而本书中 DMU
总数为28，故投入产出指标总量不能超过14，综合以往学者经验及指标
体系建立的原则，依据前文因子分析的结果，参照各指标方差贡献率确定
R&D 投入产出绩效评价指标，产出指标包括学术论文数（Y_1）、科技著作
数（Y_2）、专利出售合同总额（Y_3）及技术转让合同总额（Y_4）四个；投
入指标包括 R&D 全时人员中科学家和工程师数目（X_1）、基础研究经费
（X_2）、应用研究经费（X_3）和试验发展经费（X_4）共四个，投入产出指
标共计 8 个。

第二节　浙江省地方高校科技创新绩效静态分析

一、浙江省地方高校科技创新绩效在我国28省范围内的横向分析

用 DEAP 2.1 软件对我国 2016 年 28 个省份地方高校投入产出效率进行 DEA 分析，青海、宁夏及西藏因有关数据存在缺失予以剔除，考虑在高校系统中投入产出受多方面因素的影响，必然存在规模收益的变化，故此采取 BCC 模型。

本次数据分析相关参数设置如下：决策单元数量（Number of Firms）设置为 28，产出指标（Number of Outputs）为 4 个，投入指标（Number of Inputs）为 4 个。选取投入主导型 BCC 模型，即 0 = INPUT。考虑规模收益，即 1 = VRS。松弛变量计算方法选取 Multi – Stage 方法，即 0 = DEA（Multi – Stage）。结果见表 5 – 2。

表 5 – 2　　2016 年我国地方高校科技创新效率 – BCC 模型分析结果

序号	地区	综合技术效率 （crste）	纯技术效率 （vrste）	规模效率 （scale）	规模收益阶段
1	北京市	0.891	1	0.891	drs
2	天津市	0.552	0.614	0.9	drs
3	河北省	1	1	1	—
4	山西省	0.785	0.916	0.857	irs
5	内蒙古自治区	1	1	1	—
6	辽宁省	0.604	0.847	0.713	drs
7	吉林省	0.981	1	0.981	drs
8	黑龙江省	1	1	1	—
9	上海市	0.927	0.932	0.995	irs
10	江苏省	0.95	1	0.95	drs

续表

序号	地区	综合技术效率 （crste）	纯技术效率 （vrste）	规模效率 （scale）	规模收益阶段
11	浙江省	0.681	0.721	0.944	drs
12	安徽省	1	1	1	—
13	福建省	1	1	1	—
14	江西省	0.836	0.862	0.97	irs
15	山东省	1	1	1	—
16	河南省	1	1	1	—
17	湖北省	1	1	1	—
18	湖南省	1	1	1	—
19	广东省	1	1	1	—
20	广西壮族自治区	1	1	1	—
21	海南省	1	1	1	—
22	重庆市	1	1	1	—
23	四川省	0.906	1	0.906	drs
24	贵州省	0.842	0.883	0.953	irs
25	云南省	0.918	0.918	1	—
26	陕西省	1	1	1	—
27	甘肃省	1	1	1	—
28	新疆维吾尔自治区	1	1	1	—
	均值	0.924	0.953	0.966	

　　由表5-2可以看出，2016年，我国各省地方高校R&D投入产出综合效率平均值为0.924，总体水平偏低，有进一步提升的空间。在28个省份中，共计17个省份为DEA有效单元，具体包括，河北省、内蒙古自治区、黑龙江省、安徽省、福建省、山东省、河南省、湖北省、湖南省、广东省、广西壮族自治区、海南省、重庆市、云南省、陕西省、甘肃省及新疆。占据了总体的57.15%。需要指出的是，在DEA有效的决策单元中，甘肃、新疆等欠发达地区在其投入水平较低的情况下呈现DEA有效是因其能够在该投入水平下取得相对较高的产出而致。而北京、上海、江苏及

浙江等科技资源较为密集，经济也较为发达的省份却呈现非 DEA 有效，这一现象是由于其投入资源未得到合理科学配置而致，在相对充裕的 R&D 投入下却未得到较为理想的产出。

浙江省地方高校科技创新力综合技术效率为 0.681，为非 DEA 有效，纯技术效率指数为 0.721，规模收益小于 1，处于规模收益递减阶段。由此可看出，浙江省在这个时间阶段的科技创新相关 R&D 投入效果不佳，资源未得到充分利用。结合综合技术效率等于纯技术效率乘以规模技术效率可看出，浙江省地方高校科技创新力效率较低是科研生产能力不佳及科研规模不尽合理等多方因素共同造成的。

较其他效率分析模型而言，DEA 模型的一大优点在于其能够为非 DEA 有效的决策单元提供理论上的改进目标值。借助投影原理，运用 DEAP 2.1 计算出各决策单元的投影改进比例，结果如下。其中 $X_n(n=1，2，3，4)$ 表示可减少的要素投入的比例，$Y_n(n=1，2，3，4)$ 表示可增加的产出的比例。

表 5-3 中是 2016 年非 DEA 有效地区地方高校创新投入产出投影改进的比例。

表 5-3　　2016 年非 DEA 有效地区地方高校创新投入产出投影改进比例　　单位：%

序号	地区	学术论文数 ΔY_1	科技著作数 ΔY_2	专利出售合同总额 ΔY_3	技术转让合同总额 ΔY_4	R&D 全时人员 ΔX_1	基础研究经费 ΔX_2	应用研究经费 ΔX_3	试验发展经费 ΔX_4
1	天津市	0	248.23	518.82	1028.94	33.25	0	0	13.76
2	山西省	14.11	49.15	0	0	28.15	38.71	0	0
3	内蒙古	0	0	0	0	0	0	0	0
4	辽宁省	0	0	102.68	718.38	7.02	0	32.35	0
5	上海市	35.44	0	0	100.69	0	0	22.74	33.05
6	浙江省	5.70	0	0	0	12.00	0	21.20	0
7	江西省	0	7.33	0	0	0	0	0	1.44
8	贵州省	0	23.13	0	340.45	0	0	0	0
9	云南省	0	3.52	110.46	5661.73	0	33.59	0	73.11

表5-3中数据显示，2016年，天津市、山西省、辽宁省和浙江省在R&D全时人员投入上出现冗余，人力资源未得到合理配置，需进行一定的减少才能够使这些地方高校科技创新效率趋向有效；山西省和云南省在基础研究经费上出现冗余；辽宁省、上海市与浙江省在应用研究经费上出现冗余；天津市、上海市、江西省及云南省在试验发展经费上存在冗余。在产出上，山西省、上海市及浙江省在学术论文方面产出不足；天津市、山西省、江西省、贵州省和云南省五个省区市在科技著作产出上存在不足；天津市、辽宁省及云南省在专利出售方面存在较为严重不足；天津市、辽宁省、上海市、贵州省及云南省五个省区市在技术转让产出指标上存在极为严重的产出不足，需大幅提升才能够使这些省区市的地方高校科技创新效率趋于有效状态。总体上可看出，产出的不足主要体现在科技著作及科技成果转化方面，说明各地区有必要采取一定措施加速科技成果的转化，更好地推动科技在驱动地方经济发展中的作用。

二、浙江省地方高校科技创新效率的纵向分析（2007—2016年）

在以上分析的基础上，为进一步了解浙江省地方高校科技创新效率的发展趋势及变化规律，采取如上BCC方法对我国28个省份2007—2016年的数据进行DEA分析，最终提取浙江省地方高校十年间的绩效水平相关数据，结果见表5-4。

表5-4　　　　浙江省地方高校2007—2016年科技创新效率发展趋势

序号	年份	综合技术效率（crste）	纯技术效率（vrste）	规模效率（scale）	规模收益区间
1	2007	1	1	1	—
2	2008	0.399	0.591	0.675	drs
3	2009	0.597	0.632	0.945	drs
4	2010	0.47	0.587	0.801	drs
5	2011	0.553	0.573	0.966	drs
6	2012	0.84	0.909	0.924	drs
7	2013	0.505	0.729	0.693	drs
8	2014	0.517	0.653	0.791	drs
9	2015	0.823	0.895	0.919	drs
10	2016	0.681	0.721	0.944	drs

如图 5－2 所示，浙江省地方高校仅在 2007 年时，较其他省份创新效率呈现有效，在之后的年份中，均为非 DEA 有效，且一直处于规模收益递减状态，说明产出增长的比率要小于投入的生产要素所增加的比率。由此可以看出，浙江省地方高校创新效率还有进一步提升的空间。2007—2016 年，浙江省地方高校创新效率浮动较大，但总体呈现上升趋势，这是多因素在多维度综合促进的结果，其中不仅包括了国家对发展科技创新力的政策支持、财力支持和人力支持等，也包括人才创新动力和创新氛围等各类有形及无形的因素。

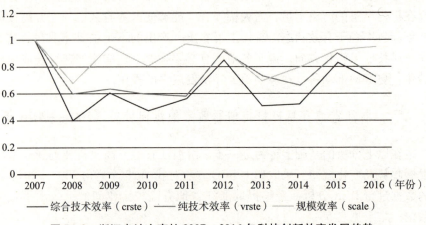

图 5－2　浙江省地方高校 2007—2016 年科技创新效率发展趋势

纯技术效率主要衡量在规模可变的条件下，技术效率对总体效率的影响。2007—2016 年浙江省地方高校科技创新纯技术效率总体呈现上升趋势，说明浙江省地方高校科研管理水平在这十年间逐步在改善，其科技资源的配置也在逐年变得更加合理、科学。但总体而言，浙江省地方高校纯技术效率一直都小于 1，处于非有效状态，因此还有很大提升和改善的空间。

规模效率考察的则是在规模报酬不变与可变的不同条件下所产生的两个不同生产前沿面间的距离，主要用于表示因在规模报酬不变条件下未能生产而造成的无效程度。马歇尔从经济学角度出发，将规模报酬分为"规模报酬递增""规模报酬不变"及"规模报酬递减"三种情况。其主要目的在于根据规模效率收益情况调整投入，以此达到成本最小化或者利润最大化的目的。具体做法主要表现为，规模报酬递增时，证明生产要素的增加能够带来更大比例的产量的增加，因此此时便要增大 R&D 投入，当规模报酬逐步进入递减阶段时，则应减少 R&D 活动的相关投入。数据显示，浙江省 2011 年及 2016 年，规模效率均小于 1，规模报酬均呈现递减趋势，证明这两个时间阶段的 R&D 投入效果不佳。结合综合技术效率等于纯技术效率乘以规模技术效率可以看出，浙江省地方高校 R&D 投入产出效率较其他省份而言不仅是由科研生产能力及管理水平不合理引起的，也因其科研规模不尽合理。

借助投影原理，运用 DEAP 2.1 计算出各决策单元的投影改进比例，为浙江省地方高校创新效率的提升提供一定的数据支持。计算结果见表 5－5。

表 5－5　　　　　　浙江省地方高校创新投入产出投影改进比例　　　　　单位：%

年份	学术论文数 ΔY_1	科技著作数 ΔY_2	专利出售合同总额 ΔY_3	技术转让合同总额 ΔY_4	R&D 全时人员 ΔX_1	基础研究经费 ΔX_2	应用研究经费 ΔX_3	试验发展经费 ΔX_4
2007	0	0	0	0	0	0	0	0
2008	0	64.98	0	0	0	10.57	32.70	0
2009	0	38.78	0	55.55	0	7.65	28.29	0
2010	0	31.70	312.96	0	0	0.28	0	2.68
2011	0	76.85	271.85	0	4.55	0	4.65	0
2012	49.89	209.60	0	4.39	24.68	0	8.46	2.18
2013	0	0	67.13	0	2.05	0	17.36	27.71
2014	0	45.40	180.67	0	12.74	0	20.56	0
2015	0	50.51	0	51.58	18.74	0	35.90	0
2016	5.70	0	0	0	12.00	0	21.20	0

通过表 5－5，总体可以看出，R&D 全时人员、基础研究经费、应用研究经费、试验发展经费均需进行一定程度的减少才能够达到 DEA 有效的状态。其中自 2011 年后，基础研究经费基本不存在冗余；2014 年后，试验发展经费不存在冗余；应用研究经费在 2008 年、2009 年，2011—2016 年八个时间阶段中存在较为严重的冗余现象，说明应用研究经费未得到合理的配置和有效的利用，且投影改进比例的发展趋势与前文中浙江省

地方高校应用研究经费占比的变化趋势基本一致，体现了浙江省在经费的配置上也在逐年调整，逐步科学化、合理化。在十年中，2007—2010 年 R&D 全时人员投入效果良好，自 2011 年起，R&D 全时人员出现冗余，人力资源未得到良好的利用。在产出方面，学术论文产出在 2012 年和 2016 年出现些许不足，但总体相对充足。科技著作产出在多个时期内呈现产出不足状态，且需要进行较大幅度的提升。专利出售合同总额在 6 个时间阶段相对充足，但在 2010 年、2011 年、2013 年及 2014 年出现严重的产出不足，技术转让合同总额产出指标基本充足，说明浙江省地方高校科技成果转化能力有待大幅提升，以期更好地促进浙江省地方高校的创新效率的提高。

第三节　浙江省地方高校 R&D 投入产出效率动态 Malmquist 指数分析

主要运用 DEAP 2.1 软件对我国 28 个省区市或自治区的 2007—2016 年相关数据进行 Malmquist 指数分析，以面板数据为基础，从动态上分析浙江省及其他省份地方高校科技创新效率的发展情况。

一、28 省区市地方高校科技创新能力 Malmquist 指数及其分解

采取 DEAP 2.1 软件，参数决策单元数量设置为 28，产出指标为 4 个，投入指标为 4 个，年限（Number of Time Periods）为 10。选取投入主导型 BCC 模型，即 0 = Input。考虑规模收益，即 1 = Vrs。松弛变量计算方法选取 Malmquist - DEA，即 2 = DEA（Malmquist - DEA）。结果见表 5 - 6。

表 5 - 6　　　　28 省区市地方高校科技创新能力 Malmquist 指数及其分解

地区	综合技术效率指数	技术进步指数	纯技术效率指数	规模效率指数	全要素生产率指数
北京市	0.987	0.853	1	0.987	0.842
天津市	0.936	0.895	0.947	0.988	0.838
河北省	1	0.957	1	1	0.957

续表

地区	综合技术效率指数	技术进步指数	纯技术效率指数	规模效率指数	全要素生产率指数
山西省	0.973	0.864	0.99	0.983	0.841
内蒙古	1.072	0.929	1.066	1.006	0.996
辽宁省	0.973	0.925	0.982	0.991	0.899
吉林省	1.009	0.913	1.011	0.998	0.921
黑龙江	1.021	1.039	1.018	1.003	1.06
上海市	1.068	0.967	1.054	1.014	1.033
江苏省	1.038	1	1	1.038	1.038
浙江省	0.958	0.999	0.964	0.994	0.957
安徽省	1	0.939	1	1	0.939
福建省	1	0.879	1	1	0.879
江西省	1.024	0.95	1.013	1.011	0.973
山东省	1	0.925	1	1	0.925
河南省	1	0.93	1	1	0.93
湖北省	1	0.847	1	1	0.847
湖南省	1	0.932	1	1	0.932
广东省	1.042	1.008	1.013	1.029	1.051
广西壮族自治区	1.048	0.938	1.028	1.02	0.984
海南省	1	0.83	1	1	0.83
重庆市	1	1.005	1	1	1.005
四川省	1.029	0.925	1.028	1.001	0.951
贵州省	0.981	0.89	0.986	0.995	0.873
云南省	0.991	0.942	0.991	1	0.933
陕西省	1	0.932	1	1	0.932
甘肃省	1	0.97	1	1	0.97
新疆维吾尔自治区	1	0.848	1	1	0.848
均值	1.019	0.955	1.01	1.009	0.973

表 5 - 6 中数据显示，全国各省全要素生产率指数均值为 0.973，小于 1，表明我国地方高校全要素生产率在 2007—2016 年呈现下降趋势。全要素生产率指数为综合技术效率指数与技术进步指数的乘积，因此，全要素生产率下降的原因是技术变化与技术效率变化的共同结果所致。综合技术效率指数均值为 1.019，技术进步指数为 0.955，这反映出，总体上我国科研人员及科研设备的配置还有待提高，我们需采取有效措施改变地方高校科技创新效率低下的局面。

需要说明的是，改革开放后我国科学技术有着突飞猛进的发展，因此技术变化的负增长率不能代表技术发展的退步，故推断，这是因为要素质量下降所导致。从前文统计数据可以看出，浙江省地方高校科技创新产出中专利数量有着极为显著的增长，然专利出售所带来的收益并未有大幅的提升，因此可以看出，科技产出质量在逐年的发展上呈现下降趋势，这不仅是浙江省的，更是全国各省区市地方高校的通病。这也是本书秉承以服务地方创新发展为目的的原则，认定产生实际收益的产出为有效产出，故采取专利出售收入及技术转让收入为产出指标而舍弃专利作为产出指标。

在统计调查的 28 个省份中，全要素生产率大于 1 的省份有黑龙江、广东、江苏、上海及重庆。浙江省全要素生产率指数为 0.957，小于 1，全要素生产率指数高于浙江省的还有内蒙古、广西、江西、甘肃，出现这个现象的原因在于这些地方对于科技创新相关 R&D 活动的投入虽不及浙江，但在其一定的投入下，科研产出效率相对较高。也证明了相对于这些省份的地方高校而言，浙江省所投入的资源还未得到科学高效利用。

二、2007—2016 年浙江省地方高校科技创新能力 Malmquist 指数分析

根据 DEAP 2.0，分别得到 2007—2016 年浙江省地方高校科技创新力效率水平的 Malmquist 指数分析相关结果，见表 5 - 7。

表 5 - 7 数据显示，浙江省地方高校 2007—2016 年科技创新全要素生产率指数均值为 0.957，小于 1，说明其全要素生产率（Tfph）总体上有下降趋势，在 10 年内，有 5 个时间阶段 Tfph 值小于 1，分别为 2007—2008 年，2009—2010 年，2012—2013 年，2013—2014 年及 2015—2016 年。在

表 5 – 7　　　2007—2016 年浙江省地方高校 Malmquist 指数及其分解

年份	综合技术效率变化指数	技术进步变化指数	纯技术效率变化指数	规模效率变化指数	全要素生产率变化指数
2007—2008	0.399	1.789	0.591	0.675	0.714
2008—2009	1.496	0.676	1.069	1.4	1.011
2009—2010	0.788	1.113	0.928	0.848	0.877
2010—2011	1.176	0.906	0.976	1.205	1.065
2011—2012	1.519	1.058	1.587	0.957	1.608
2012—2013	0.601	1.175	0.802	0.75	0.706
2013—2014	1.024	0.675	0.896	1.142	0.691
2014—2015	1.591	1.112	1.37	1.162	1.769
2015—2016	0.827	0.873	0.805	1.027	0.722
2007—2016 均值	0.958	0.999	0.964	0.994	0.957
2008—2016 均值	1.069	0.929	1.025	1.043	0.993

综合技术效率指数（Effch）上，2007—2016 年间，浙江省地方各高校科技创新力平均技术效率值为 0.958，小于 1。而 2008—2016 年，其平均技术效率值为 1.069，大于 1，说明浙江省地方高校科技创新力效率有所提升，且更接近于生产前沿面，也就是在 2008—2016 年间，浙江省地方高校科技创新综合技术效率总体有所提升，增长率达 6.9%。其中增长率为正的年份包括 2008—2009 年，2010—2011 年，2011—2012 年，2013—2014 年，2014—2015 年，共计 5 个时间阶段，增长率分别为 49.6%，17.6%，51.9%，2.4% 与 59.1%；增长率为负的年份计 3 个时间阶段，分别为 2009—2010 年，2012—2013 年，2015—2016 年。在技术进步指数上，浙江省 2007—2016 年均值为 0.999，小于 1，说明浙江省地方高校创新技术进步存在一定负增长。

　　浙江省全要素生产率下降在于要素质量的下降。另外，2015—2016 年，浙江省综合技术效率指数为 0.827，小于技术进步指数 0.873，且 2007—2016 年起综合技术效率指数平均值也小于技术进步指数平均值，说明了浙江省科研管理及制度革新上还有需完善的地方，以优化资源的配置。

三、研究结论与政策建议

(一) 研究结论

基于全国地方高校 2007—2016 年的十年数据，从地方高校科技创新的投入能力、产出能力、支撑能力及社会服务能力四个维度出发，对浙江省地方高校科技创新力在全国范围内进行横向与纵向比较，首先包括数据的描述性统计分析，从各指标的发展趋势上对全国地方高校尤其浙江省地方高校有个基本的描述；其次，通过对 2016 年全国各地区地方高校科技创新力指标进行因子分析，并计算所提出的公共因子得分，进行更深层次的分析；接着使用 DEAP 2.1 对浙江省地方高校科技创新效率进行了省际范围内的横向对比分析和时间序列上的纵向趋势分析，从而对浙江省地方高校科技创新进行了经济意义上的分析，得出以下结论。

(1) 浙江省地方高校科技创新经费投入逐年增加，较 2007 年相比，2016 年浙江省地方高校 R&D 经费投入总量增幅达 172.44%。在 R&D 经费投入总量中，应用研究经费占总投入经费的比重在 2007—2016 年内一直处于 50% ~60%，占据了经费投入总量的较大部分，但总体呈现下降趋势；基础研究经费占比由 2007 年的 22% 增长到 2016 年的 38%；试验发展经费占比总体也有所减少，由 2007 年的 17% 下降至 2016 年的 12%。在 DEA 分析中显示，基础研究经费与试验发展经费基本无冗余，而应用研究经费出现较大程度的冗余，且基本每年都有。因此，有必要对 R&D 研究经费中应用研究经费投入量或占比进行一定的调整。R&D 经费投入位列全国第五，但支出却排名第 15，说明浙江省地方高校经费使用率还不足，有待提升；且 R&D 经费人均占有量居第 15 位，说明浙江省 R&D 人力资源与经费投入结构还有待进一步调整。

(2) 在地方高校科技创新人力投入方面，通过对全国地方高校基本数据分析，浙江省创新人力投入逐年提升，基础研究人员比重稳在与 50% ~60%，应用研究人员占 35% ~42%，实验与发展人员占比较少，占比一直低于 10%。在地方高校科技创新能力因子分析得分上看，浙江省地方高校科技创新投入能力较强，但在 R&D 人员中科学家与工程师的比例上低于全国平均水平，由此可看出，浙江省地方高校高层次科研人才存在一定缺口。2016 年，浙江省地方高校 R&D 人员投入位列全国第八，R&D 全时人员位列全国第三，但 DEA 分析显示，自 2011 年后，浙江省地方高校创新投入中 R&D 全时人员出现较大冗余，由此证明了浙江省地方高校科技创新投入人力资源未得到充分利用，在一定程度上可予以减少。

（3）在科技创新产出方面，各省区市产出总量呈现上升趋势，且增幅较大，均高于 50%，尤其授权专利数及授权发明专利数增长了近 30 倍。在全国范围内来看，浙江省地方高校科技创新各项产出均位于全国前40%，表现最好的授权专利数位居全国第二，仅次于江苏省。通过因子分析，发现浙江省、山东省、河南省科技创新产出能力较强，但较江苏省地方高校科技创新产出能力得分而言，还有较大差距。在 DEA 分析中，较为严重的产出不足主要表现在科技著作数上，学术论文产出基本充足，但在 2016 年，也出现一定的产出不足，在未来几年中也需加以注意。

（4）在科技创新效率上，浙江省地方高校创新综合技术效率总体有所提升，但一直处于非 DEA 有效状态，这是纯技术效率与规模效率的共同作用所导致，浙江省地方高校科技创新纯技术效率总体有所提升，但一直小于 1，说明浙江省地方高科技创新资源的配置还有待进一步改善。2011年、2016 年，浙江省地方高校科技创新规模收益呈递减趋势，说明这两年浙江省 R&D 投入效果不佳，这可能是科研生产能力不足、科研规模不合理、管理不善而致。基于 Malmquist 指数的浙江省地方高校科技创新效率的 DEA 分析结果显示，2008—2016 年浙江省地方高校科技创新综合技术效率总体有所增长，增长率达 6.9%。在技术进步指数上，浙江省 2007—2016 年均值为 0.999，小于 1，说明浙江省地方高校创新技术进步存在一定负增长，原因并非在于技术的退步，而更大的可能是在于投入与生产要素的质量的下降。

总体而言，浙江省地方高校科技创新能力各项指标表现良好，投入产出总量均位于全国前列，但其科技创新效率不足，科技产出质量存在一定不足，全要素生产指数存在一定的负增长，浙江省在地方高校人力资源、财力资源、科研设施及科研管理等方面均亟待改善。

（二）政策建议

（1）优化 R&D 投入经费结构，加强科研资金管理。近年来，我国各省区市地方高校各项科技经费规模不断扩大，但高校科技创新力及创新效率并未得到显著提升，其原因在于经费投入及支出结构的不合理和管理不善等原因所致。政府、高校等相关部门应采取相关措施，调整 R&D 经费结构，使各项经费的配置更为合理，提高经费资源的使用效率。有学者指出中部六省高等院校基础研究经费支出比例过低，对原始基础创新的重视程度不足，需逐步改善高校偏重于创造短期效益的研究的现状，协调基础研究与应用研究的关系，加强对基础研究与原始创新的重视。① 浙江省地方高校科研经费投入规模增幅显著，然而经费的使用率及经费投入所带来的产出效率并不高，数据显示浙江省地方高校科技创新投入规模收益递减，应用研究经费投入占较大比例，出现较大冗余，基础研究经费投入没有冗余但占总经费投入比例较小。因此政府及高校要加强对基础研究的重视，调整基础研究经费与应用研究经费占比，并加强科研资金的监督及管理，提升科研资金使用效率，促进浙江省地方高校科技创新力和创新效率的提升。

（2）加强浙江省地方高校科技创新人才建设，提升高层次人才占比。人才是一国科技事业不断向前发展的关键性因素，提升地方高校科技创新能力与创新效率就必须要培养一批高水平、高层次的人才队伍。当前我国高等院校已开始重视高层次、高水平人才队伍的建设与质量，虽小见成效，但仍然存在着很大的问题，如人才队伍规模偏小，高层次人才占比偏小等，需建立全方位、多渠道的人才引进机制，创新人才激励机制，为高校科技创新力的提升助力。② 浙江省 2016 年 R&D 人员中科学家与工程师的比例低于全国平均水平，在地方高校创新效率的计算中，R&D 全时人员存在较大冗余。因此，提升浙江省地方高校人才质量，优化科研人才的科研效率显得尤为必要。一方面，不断创新人才的培育体制与激励制度，激发其求实创新激情，开发其创造性研究的潜能与活力，不仅包括对省域科技人才的激励也包括引进高质量人才。另一方面，加强人才管理制度建设，切实提升其实际应用研究能力，以良好的氛围促进其专业技能与科研素养的提升，降低对人力资源的浪费，提升科技人才的工作效率。

（3）完善浙江省地方高校科研成果奖励制度，扩大科技创新产出。科技创新产出是高校创新力的重要体现，不断完善高校科研成果的奖励制度，扩大科技创新产出，增强原始创新及其质量。而科学合理的科研奖励制度在催生新科研成果过程中起到了重要的制度保障作用，同时激励高等

---

① 卢方元，靳丹丹. 我国 R&D 投入对经济增长的影响——基于面板数据的实证分析 [J]. 中国工业经济，2011 (3)：149－157.

② 吴绍棠，李燕萍. 高等学校高层次创造性人才队伍建设机制研究 [J]. 西南交通大学学报（社会科学版），2013，14 (3)：103－108.

院校科研人员创新积极性及意志品质上有着不可替代的作用。[①] 浙江省地方高校专利产出位列全国前列，表现良好，但浙江省地方高校科技创新专著产出存在着较大缺口，论文产出，尤其是高质量论文产出需进一步提升。因此，有必要加大论文、著作，尤其高水平的论文及著作的科研奖励、提升科研人才的职业素养及职业道德，克服学术腐败、学术浮躁等问题，以此促进知识创新成果的产出，助推浙江省地方高校科技创新力的提升。

（4）营造和谐的科技成果转化环境，促进浙江省地方高校服务地方经济发展。科技成果转化能力展现了地方高校服务地方经济创新发展的能力。科技成果转化是一个漫长复杂的过程，不仅仅是将专利或成果转让出去那么简单，而是切实提升生产力水平、促进产业转型升级或企业产业发展等一系列活动，包括后续实验、开发、推广和应用等。中国科研成果转化环境与氛围不成熟、政策不够明晰健全，成果转化平台欠缺，导致当前科技成果转化步履维艰。当前科技成果转化在很大程度上制约着我国高校的科技创新绩效，要完善科技成果转化政策，加快建设技术交易信息服务平台，促进科技成果的转化。[②] 浙江省地方高校科技成果转化效益较低，严重阻碍了浙江省地方高校科技创新能力的发展。一方面要加强产学研用协作，让高校科技创新成果与市场紧密结合起来，使高校科技创新更有目标且更具有实际意义，从而推动科研成果的加速转化，努力解决当前高校科技创新成果"转化难"问题；另一方面，要完善科技成果转化机制体制，组建高效、高质的科技成果转化平台，打通基础研究、应用开发、成果转移与产业化链条，逐渐消除科技成果转化的障碍性因素，为高校科技成果转化开辟一条康庄大道。

①　刘宇文，周文杰. 我国高校科研奖励制度的现状与发展探索［J］. 高等工程教育研究，2015（4）：135 - 140.

②　杨宏进，刘立群. 基于三阶段 DEA 的高校科技创新绩效研究［J］. 科技管理研究，2011，31（9）：104 - 107.

参 考 文 献

[1] 蔡袁强. 地方大学的使命: 服务区域经济社会发展——以温州大学为例 [J]. 教育研究, 2012 (2): 89 - 94.

[2] 陈建国. 威斯康星思想与我国地方高校转型发展 [J]. 高等教育研究, 2014 (12): 46 - 53.

[3] 陈鹏. 中国高等教育振兴历程 [N]. 光明日报, 2017 - 09 - 22, (9).

[4] 陈晓阳, 姜峰. 地方高校服务区域经济发展的战略选择及实践 [J]. 中国高教研究, 2012 (Z3).

[5] 程肇基. 地方高校与区域经济共生发展的理论探索 [J]. 教师教育研究, 2013, 25 (5): 6 - 10.

[6] 迟福林. 转型抉择 2020: 中国经济转型升级的趋势与挑战 [M]. 北京: 中国经济出版社, 2015.

[7] 邓晖. "全面创新" 的发令枪 [N]. 光明日报, 2015 - 07 - 27 (006).

[8] 邓聚龙. 灰理论基础 [M]. 武汉: 华中科技大学出版社, 2002.

[9] J. 韦德·吉利. 相互作用大学——美国重振活力之源 [A]. 葛守勤, 周式中. 美国州立大学与地方经济发展 [C]. 西安: 西北大学出版社, 1990.

[10] 国务院. 统筹推进世界一流大学和一流学科建设总体方案 [EB/OL]. http://www.gov.cn/zhengce/content/2015 - 11/05/content_10269.htm.

[11] 贺德方. 对科技成果及科技成果转化若干基本概念的辨析与思考 [J]. 中国软科学, 2012 (11): 1 - 7.

[12] 黄达人. 部分地方本科高校向应用型转变的思考 [N]. 中国青年报, 2015 - 12 - 14: (11).

[13] 瞿振元. 积极推动一批大学与学科跻身世界一流 [N]. 中国教育报, 2016 - 9 - 29: (8).

［14］孔繁敏，等．建设应用型大学之路［M］．北京：北京大学出版社，2006.

［15］兰德．论科技政策研究的概念和范畴［J］．科研管理，1982（2）：16－21.

［16］李伟庆．加快创新驱动浙江传统制造业转型升级的对策思考［J］．商场现代化，2015（2）：124－125.

［17］林慧岳．论科技政策的体系结构和决策模式［J］．自然辩证法研究，1999（10）：24－28.

［18］刘经南．树立大学科建设理念　推进一流学科的跨越式发展［J］．中国高等教育，2005（Z1）.

［19］刘宇文，周文杰．我国高校科研奖励制度的现状与发展探索［J］．高等工程教育研究，2015（4）.

［20］柳国梁，余斌．服务型区域教育体系的地方高校转型研究［M］．北京：高等教育出版社，2014.

［21］卢方元，靳丹丹．我国 R&D 投入对经济增长的影响——基于面板数据的实证分析［J］．中国工业经济，2011（3）.

［22］罗家才．自为之抑或他驱之：大学高层次人才引进误区在解读——基于组织分析理论的视角［J］．江苏高教，2017（5）：9－14.

［23］罗伟．科技政策研究初探［M］．北京：知识产权出版，2007.

［24］马占新，马生昀．数据包络分析及其应用案例［M］．北京：科学出版社，2013.

［25］马占新．数据包络分析模型与方法［M］．北京：科学出版社，2010.

［26］裴长洪．中国梦和浙江实践［M］．北京：社会科学文献出版社，2015.

［27］人民网．回归育人初心　中国高校方可纵横一流［EB/OL］．http：//edu. people. com. cn/n1/2017/0710/c1053－29394353. html.

［28］上官腾飞，杨应楠．"拜杜法则"对高校知识产权转化的启示［J］．中国高校科技，2017（6）：46－48.

［29］搜狐网．中国互联网发展报告2017［EB/OL］．http：//www. sohu. com/a/211077461_800248.

［30］谭光兴，王祖霖．处境与策略："双一流"战略背景下地方高校的学科建设［J］．国家教育行政学院学报，2017（8）.

［31］唐新文.科技政策的控制失效与评估［J］.云南科技管理，2002（3）：6-9.

［32］王钱永，任丽清.双一流建设视角下地方高校区域创新能力建设［J］.中国高教研究，2016（10）：38-42.

［33］魏权龄.评价相对有效性的数据包络分析模型——DEA 和网络 DEA［M］.北京：中国人民大学出版社，2012.

［34］魏权龄.数据包络分析［M］.北京：科学出版社，2004.

［35］吴绍棠，李燕萍.高等学校高层次创造性人才队伍建设机制研究［J］.西南交通大学学报（社科版），2013，14（3）：103-108.

［36］吴文清，高策等.地方高校学科建设与区域经济转型适配性研究［J］.清华大学教育研究，2013，34（1）：104-109.

［37］吴志攀.高等教育与区域发展——以"首都教育"为视角考察［J］.北京大学教育评论，2003，1（4）：68-77.

［38］许书烟.地方本科高校向应用型转变的若干思考［J］.高教探索，2017（S1）：5-6.

［39］许英才，朱志媛.知识经济与高校职能的转变［J］.中国高教研究，1999（2）.

［40］杨德山.地方高校服务地方的路径探析［J］.中国高校科技与产业化，2010（7）.

［41］杨宏进，刘立群.基于三阶段 DEA 的高校科技创新绩效研究［J］.科技管理研究，2011，31（9）：104-109.

［42］应用技术大学（学院）联盟.地方高校转型发展研究中心地方本科院校转型发展实践和政策研究报告［R］.2013.

［43］张燕华，喻宝华.论大学排名体系的公信度问题［J］.国家教育行政学院学报，2013（2）：48-53.

［44］赵筱媛，苏竣.基于政策工具视角的公共科技政策分析框架研究［J］.科学学研究，2007，25（1）：52-56.

［45］浙江省教育厅.2017 年浙江教育事业发展统计公报［EB/OL］.http：//www.zjedu.gov.cn/news/1522719648989363833.html.

［46］浙江新闻.7.7%传递的积极信号　四看浙江经济"半年红"［EB/OL］.https：//zjnews.zjol.com.cn/zjnews/zjxw/201607/t20160719_1777209.shtml.

［47］中国财经.电商换市深挖浙江经济强大潜能［EB/OL］.http：//

finance. china. com. cn/roll/20140606/2451055. shtml.

［48］中华人民共和国促进科技成果转化法［N］. 人民日报，2015 - 12 - 25 （021）.

［49］周瑞超，张协奎. 关于高校科技成果转化问题的一些探讨［J］. 研究与发展管理，2010，22（6）：133 - 138.

［50］Banker, R. D. , Charnes, A. , Cooper, W. W.. *Some Models for Estimating Technical and Scale Inefficiencies in Data Envelopment Analysis*［J］. Management science, 1984（9）：1078 - 1092.

［51］Charnes, A. , Cooper, W. W. , Rhodes E.. *Measuring the Efficiency of Decision Making Units*［J］. *European Journal Operational research*, 1979, 2（6）：429 - 444.

［52］Clark, Burtun. *The Higher Education System：Academic Organization in Cross - National Perspective*［M］. Berkeley：University of California Press, 1983.

［53］Harvey Brooks and Chester L. Cooper（ed.）. *Science for Public Policy*［M］. Oxford：Pergamon Press, 1987.

［54］http：//finance. ifeng. com/a/20180226/15997982_0. shtm.

［55］Kazu Uyki Motohashi. *Universy Itindustry Eollbaorations in Japan：The Role of New Technology Based Firms in transfoming the National Innovation System*［J］. *Researeh Policy*, 2005, 34（5）.

［56］Mowery, D. C, B. N. Sampat. *The Bayh - Dole Act of 1980 and University - Industry Technology Transfer：A Model for Other OECD Governments?*［J］. *Journal of Technology Transfer*, 2004, 30（1 - 2）：115 - 127.

［57］National Science Foundation. National patterns of research and development resources：2011 data update. Washington D. C.

［58］S. Hayashi. *The Current Condition and Prospect of Information Retrieval and Information Use in the Fields of Business-academia Collaboration*［J］. *Journal of Information Processing and Management*, 2003, 46（8）：499 - 508.

后　记

2012 年浙江省教育厅为了繁荣哲学与人文社会科学研究，专门设立了高校人文社会科学重大招标项目，培育一批高水平的人文社会科学研究成果。2013 年在重大招标项目中又增加了对浙江省重大决策的分析和研究。我们所承担的"高校服务地方转型升级的政策研究"课题，主要任务是分析和研究浙江省推动高校主动服务地方经济与社会发展的体制及机制，为浙江省委省政府的决策提供科学参考。经过四年的调查和研究，我们课题组基本完成了课题立项时所确定的研究目标和任务，但由于我们的研究能力与水平，对浙江省在推动高校服务地方转型升级的政策分析可能不够全面，也不够深入。我们期待有更加全面和深入的研究进一步完善我们的分析和研究，让我们的研究成果能够发挥一个抛砖引玉的作用。

该研究课题是我们课题组集体努力的结果。本书虽然由我和吴海江博士完成，但是在大家共同提供的内容基础上完成的，特别是我指导的教育经济与管理专业 2015 级硕士生李斌和智亚卿，他们完成了书稿中最重要的几个章节的初稿。张天雪教授、金伟民教授和刘勇副院长等全程参与了课题的研究工作，宁波大学、浙江工业大学、浙江理工大学等院校的科研管理部门为我们的研究提供了大量的一手资料，在此我们一并感谢！

在此我特别感谢省教育厅高校科研与研究生教育处部正荣、吕华、王迪钊和吴振辉等领导的关心和支持。感谢浙江师范大学科学研究院、教师教育学院在人员配备和经费提供上的大力支持，使我们课题组能够如期完成研究任务。

2017 年是我人生历程中的转折点，也是我新的人生起点。我希望用我的勤奋和努力在学术研究上有所进步、有所提高，期待着学术界对我们研究中的不足之处给予批评指正，不胜感谢！

楼世洲

2018 年 9 月于浙师大·初阳湖亭